hier

Ottokar Domma · Ottokar, das Früchtchen

Ottokar,

OTTOKAR DOMMA

das Früchtchen

EULENSPIEGEL VERLAG

BERLIN

Illustrationen von Karl Schrader

Januar

Im Januar sagen Frau und Mann,
jetzt fängt ein neues Leben an.
Der Vater will nicht mehr rauchen,
die Mutter weniger Geld verbrauchen,
alle Leute nehmen sich vor,
besser zu sein als im alten Johr.
Auch die Lehrer kommen ganz schön auf Touren
und sammeln Zensuren.

Was man sich zum neuen Jahr verspricht

Bevor ein neues Jahr anfängt, versprechen alle Erwachsenen gegenseitig, wie sie sich alles Schlechte abgewöhnen und bessern wollen. Nehmen wir als ein schönes Beispiel meinen Vater. Er schwörte der Mutter, daß er im neuen Jahr nicht mehr rauchen wird, und er gab ihr am Silvesterabend die letzten Zigaretten, damit die Mutter dieselben verschenkt oder aufbewahrt. Auch soll sie sich nicht mehr über die gelben Gardinen ärgern. Meine Mutter war ganz stolz auf den Vater, weil er dazu ein so entschlossenes Antlitz schnitt, und sie sprach, das ist ein guter Vorsatz, und sie wird es dem Vater nachmachen und auch ein bißchen sparsamer leben. Für das eingesparte Geld kann man verreisen oder auf einen Trabanten sparen oder eine neue Müllschippe kaufen oder einen anderen Luxus anschaffen. Der Vater gab ihr recht und sagte, man muß es nur wollen.

Als der Vater am 1. Januar aufstand und stöhnte, merkte man ihm noch nicht viel an. Im Gegenteil, er schrie laut in die Küche hinein, daß es ihm schon gar nichts mehr ausmacht, wenn er keine Zigaretten raucht. Erst nach dem Frühstück juckte es den Vater. Er griff in die Hosentasche, und als er merkte, daß sie leer war, erinnerte er sich plötzlich wieder an sein Versprechen, und er sagte, daß er einen Willen hat. Diesen Willen zeigte er auch nach dem Mittagessen. Und erst später, als ich zu meinem Vater sagte, er steht im Schach, da zuckte er zusammen und seine Hand in die Hosentasche, und sie war leer. Ich fragte den Vater, ob ich ihm eine Kippe aus seinen Anzügen suchen soll, und es braucht ja die Mutter nicht zu wissen. Aber der Vater antwortete, man muß stark sein. Es ist nur am Anfang so schwer, und er kennt das vom

vorigen Jahr. Darum nahm er wieder eine Salzstange, steckte sie in den Mund, bis dieselbe langsam im Vaterleib verschwunden war.
Nachdem mein Vater die dritte Schachpartie verloren hatte, gab er auf und sagte, daß er heute nicht ganz hier ist, und er muß andauernd daran denken, wie langsam die Zeit bis zum Kaffee vergeht; denn er hat schon wieder Hunger. Meine Oma meinte, das kommt davon, weil er nicht mehr raucht, und er wird jetzt endlich bald dicker werden wie der seelische Großvater, welcher an einem fettigen Herzen gestorben ist. Auf diese frohe Botschaft ist aber mein Vater nicht eingegangen, weil er immer daran denken mußte, daß er jetzt zwei Willen braucht, den einen gegen das Rauchen und den anderen gegen das viele Essen.
Nach drei Tagen fragte meine Mutter, wie es dem Vater bekommt. Er antwortete, man muß es eben durchstehen. Er nahm deshalb nach dem Abendbrot ein Buch und begann zu lesen. Als er drei Seiten gelesen hatte, klappte er es wieder zu und verlangte meine Schularbeiten. Ich sagte, daß wir keine aufhaben, weil heut doch der letzte Ferientag ist. Mein Vater hat sich gleich aufgeregt und rief, was das für eine Einstellung ist und ob ich nicht weiß, daß man immer lernen muß. Deshalb gibt es für niemanden Ferien, und ich soll sagen, ob ich ihn verstanden habe. Ich dachte, sicher ist sicher, und antwortete ja. Meine Mutter stellte dem Vater schnell was zum Knabbern hin, wogegen sie mich ins Bett trieb und sprach, ich soll den Vater nicht mit meinem großen Mund reizen. Denn er macht jetzt eine schwere Zeit durch.
Als dann der Sonnabend da war, besuchten uns der Herr Gottfried Senkel und der Herr Erwin Hardtbrodt, und sie fragten den Vater, ob er nicht Lust zu einem Spielchen hat. Meine Mutter sagte, das ist schön, und es wird den Vater ablenken. Aber keiner darf rauchen, weil das ansteckt, und mein Vater muß sich mächtig zusammenreißen. Der Herr Senkel sagte, daß er dazu nur gratulieren kann, und er kriegt das nicht fertig. Als sie eine halbe Stunde lang gespielt hat-

ten, schrie der Herr Hardtbrodt plötzlich, er hat was Wichtiges vergessen, und er muß schnell nach Hause. Der Herr Senkel kam auch gleich mit. Draußen vor der Tür steckten sie sich mit zitterigen Händen eine Zigarette an, wogegen mein Vater ein neues Päckchen Pfefferminzchen holte.

Nach ein paar Tagen traf meine Mutter den Herrn Zicken-Maier aus der Brigade meines Vaters. Der Herr Zicken-Maier ist in der Begeäll und wollte wissen, was mit meinem Vater los ist. Er ist ziemlich knurrig und reizend und darum gleich aus dem Häuschen, und der Herr Zicken-Maier fragt sich andauernd, ob man ihn nicht einmal zum Arzt schicken sollte. Meine Mutter antwortete, daß mein Vater nicht mehr raucht, darum müssen alle Rücksicht nehmen. Der Herr Zicken-Maier wackelte mit dem Kopf und ging von dannen.

Als der Januar fast um war, kam mein Vater wie ein Weihnachtsmann nach Hause und schmiß mit allerlei Päckchen um sich. Er rief dazu, daß es eine schöne Jahresendprämie gab, und die Mutter soll probieren, ob ihr die Bluse paßt, auch kann man zu dem Staubsauger später eine Klopfmaschine kaufen, wogegen er den Eierschnaps und die Schürze der Oma schenkte. Die Oma war froh; denn sie war blau mit roten Kringeln, und der Vater sagte, man braucht sie nur zu waschen und an die Luft zu hängen, und wenn sie trocken ist, kann man sie gleich anziehn. Es ist eine bügelfreie Schürze. Auch meine Schwester und ich wurden reich beschenkt.

Meine Mutter fragte, ob der Vater auch an sich gedacht hat, und sie wird ihm gleich einen schönen Kaffee kochen und was Gutes vorsetzen. Aber der Vater antwortete, er braucht nichts, und er hat alles, und er freut sich, wenn sich die anderen freuen. Auch hat er an sich gedacht, indem er eine neue Sorte Bonbons entdeckte. Sie enthalten zerriebene Nüsse. Aber als er dasaß und einen lutschte, war sein Gesicht gar nicht so freudig wie das unserige. Jetzt bekam meine Mutter ein Mitleid, und sie nahm schnell ihr Taschentuch, schneuzte mächtig und lief hinaus. Als sie wieder reinkam, legte sie dem Vater eine Zigarette auf den Tisch, und er darf zur Feier des Tages einmal. Der Vater rief, ob ihn die Mutter vielleicht verführen will. Aber sie antwortete, das hat sie schon vor sechzehn Jahren gemacht. Der Vater lachte jetzt ganz fröhlich und sprach, er nimmt sie zum Abgewöhnen. Daran kann man erkennen, daß die Frauen jeden Willen brechen. Deshalb heirate ich nicht.

Ein gefährlicher Besuch

Eines Tages, es war immer noch im kalten Januar, da mußte ich einen Brief mit nach Hause nehmen. Unser Herr Klassenlehrer sagte mit strenger Pupille, daß ich nicht vergessen soll, ihn abzugeben. Der Brief war zugeklebt und überhaupt ziemlich verdächtig, und ich habe lange nachgedacht, wie ich ihn am besten verschwinden lassen kann. Aber mein Freund Harald meinte, es hat keinen Zweck, weil die Eltern es doch herausbekommen, und es kann sein, daß in dem Brief vielleicht sogar eine frohe Botschaft steht. Ich sagte zu meinem Freund Harald, daß in einem Schulbrief noch nie eine frohe Botschaft gestanden hat, eher geht ein heiliger Engel zum Parteilehrjahr. Und man muß der Gefahr eben mit einem standhaften Auge entgegensehen.
Als meine Mutter den Brief bekam, schaute sie mich ebenfalls streng an, und sie fragte, was ich schon wieder angestellt habe. Denn in dem Brief steht geschrieben, daß ein Hausbesuch auf uns zukommt. Meine Mutter meinte, daß es mit mir noch ein schlechtes Ende nehmen wird, und sie kann keinen Tag mehr ruhig sein. Ich antwortete, man muß sich nicht gleich über jeden Klacks so aufregen, und wegen der toten Maus ist die Frau Seidenschnur auch nicht gestorben, sie hat bloß ein bißchen geschrien. Und als dem Herrn Burschelmann beim Bücken die Hose platzte, da haben alle gelacht, nicht bloß ich. Auch soll man wegen dem kaputten Auto vom Herrn Luschmil nicht so ein Gesimse machen.
Meine Mutter nahm mich gleich beim Schlawittchen und fragte, was mit dem Auto los ist und ob ich was beschädigt habe. Ich sagte nein, und das war so: Wir haben einen Schneemann gebaut, und der Herr Luschmil hat ihn aus

Spaß umgefahren und dabei schadenfroh gelacht. Ein paar Tage später haben wir wieder einen Schneemann gebaut, und zwar um den Feuerwehrhydranten. Der Herr Luschmil konnte danach nicht mehr so lachen. Wie ich meiner Mutter das erzählt habe, hat sie schnell den Kopf weggenommen und von hinten gefragt: Wo soll das hinführen?

Zwei Tage lang hat meine Mutter mächtig geschuftet und alles gewischt und gebohnert und sich wegen dem Besuch bald umgebracht. Als es soweit war, sagte sie, ich muß heute früher ins Bett gehen. Auch mein Vater kam einmal pünktlicher nach Hause. Ich bin gleich in meinem Kabuffchen verschwunden und habe die Tür offengelassen, damit ich alles hören konnte.

Es klingelte, danach erschallten allerhand Stimmen, auch die von meinem Herrn Klassenlehrer und die kräftige Stimme vom Herrn Burschelmann und noch einige, welche von zwei Elternaktivfrauen stammten. Meine Mutter sagte, daß es ihr eine Ehre ist, wogegen mein Vater die Frauen fragte, ob sie ablegen möchten. Sie legten auch was ab und sagten dazu, daß es schön warm ist, und man kann es hier aushalten. Danach gingen sie in die Stube. Ich hörte, wie meine Mutter dauernd hin- und herrannte und mit den Tassen klapperte.

Wenn die Stubentür offen war, hörte ich manchmal ein paar Sätze. Zum Beispiel sagte unser Herr Klassenleiter, daß ein gewisser Schüler noch mehr leisten könnte, wenn er wollte, und er muß ein Motor sein. Aber da hat unser Herr Burschelmann laut gehustet und entgegnet, der hat es in sich. Danach fragte er mit lauter Stimme, ob alle einmal jung waren. Eine Frau antwortete ja, und der Herr Burschelmann rief dazwischen, daß jemand ein richtiges Früchtchen ist, und man muß es so nehmen. Meine Mutter schrie jetzt, ob einer Kaffeesahne haben will, aber der Herr Burschelmann antwortete, daß er keine Memmen mag und darum prost. Dann redeten alle durcheinander, aber da haben sie die Tür zugemacht, und ich hörte nur noch meine Schwester schnaufen.

Erst als es ganz still war, ging ich auf den Flur und schaute durchs Schlüsselloch. Ich dachte, jetzt geht es vielleicht erst richtig über mich her. Aber der Herr Burschelmann sprach mit meinem Vater über Briefmarken. Die Frauen redeten über einen Herrn Schlüter oder so und sagten, daß er zu einer Frau Larissa paßt. Der Herr Burschelmann antwortete, daß er die einmal gehabt hat, aber er hat sie gleich wieder vertauscht, weil bei ihr eine Zacke eingerissen war. Mein Vater entgegnete, man muß sie sorgfältig behandeln, deshalb faßt er sie nur mit der Pinzette an. Ich bin lieber wieder weggeschlichen; denn wenn mein Vater plötzlich die Tür aufgemacht hätte, wäre ich nicht so sorgfältig behandelt worden, auch nicht mit der Pinzette.
Nachher war auf einmal Lärm im Flur. Unser Herr Klassenleiter versprach, daß er was im Auge behalten will. Eine Frau rief, ob die andere Frau mit ihr zusammen geht, und der Herr Burschelmann antwortete, daß sie wegen ihres Alters großen Tauschwert hat. Meine Mutter sagte, wie sie sich gefreut hat, und sie ist gleich in mein Zimmer gekommen und schaute mich an. Aber ich habe nicht geblinzelt. Danach kam mein Vater, und meine Mutter flüsterte ihm zu, man muß nicht immer gleich was Schlechtes von seinen Kindern denken, wogegen der Vater brummte, er hat auch erst was anderes gedacht. Auch strich mir meine Mutter über den verstellten schlafenden Kopf. Jetzt bin ich auf einmal müde geworden, und weg war ich.

Februar

Der Februar bringt uns Eis und Schnee,
im Gasthaus trinkt man Rum mit Tee,
der Vater trägt lange Unterhosen,
die Mutter warme Baumwollblosen.
Die Oma reibt sich mit Schlangengift ein,
das soll gut gegen Rheuma sein.
Die Ferien im Winter
gibt es für uns Kinder
und als erste Frühlingsboten
Schreckschußnoten.

Unsere Winterfreuden und Winterleiden

Der Februar zerfällt in zwei Teile, in Winterfreuden und Winterleiden. Die Winterfreuden bestehen darin: Im Februar gibt es Ferien. Darüber freuen sich nicht nur wir Kinder, sondern auch unsere Lehrer und Pionierleiter, indem sie uns betreuen dürfen, und man nennt das auch Feriengestaltung. Man muß das an ein paar Beispielen schildern.
Als der letzte Schultag heran war, kam noch einmal unser Herr Pionierleiter Alfons in die Klasse und sprach: Jetzt lese ich den Ferienplan vor. Wer einverstanden ist, soll es sagen. Ich meldete mich gleich und sagte, daß ich einverstanden bin. Aber unser Alfons zeigte seinen Goldzahn und rief, er hat ja noch gar nichts vorgelesen, und darum kann ich nicht sagen, daß ich einverstanden bin. Ich antwortete, daß ich es trotzdem bin, und man muß anerkennen, wieviel Mühe sich unser Pionierleiter gemacht hat, indem er unseren Geist schonte und den Plan ganz alleine ausdachte. Deshalb bin ich dankbar dafür. Aber der Gruppenratsvorsitzende, mein Freund Harald, war nicht so dankbar, sondern rief, ich soll die Klappe halten, und der Alfons möchte bitte vorlesen.
Nachdem der Plan vorgelesen war, riefen einige, das ist prima, und sie sind einverstanden. Mein Freund Harald sagte, man kann in einer Versammlung nicht einfach so rumschreien, sondern muß abstimmen. Wer dafür ist, hebt die Hand. Alle haben sie jetzt die Hand gehoben, bloß ich nicht, und mein Freund Harald fragte streng, was los ist. Ich antwortete, daß ich nicht abstimmen kann, weil ich schon wieder vergessen habe, was am Anfang vorgelesen wurde. Deshalb möchte man bitte den Plan noch einmal ganz langsam wiederholen.

Die anderen schrien jetzt auf mich ein, aber der Alfons rief am lautesten Ruhe und meinte, man muß das eben tun, wenn einer mit einem schwachen Gedächtnis dabei ist. Er las noch einmal, und der erste Punkt lautete: „Wir nehmen uns eine Winterwanderung zu den Buckelbergen vor." Unser Pilei wollte gleich weiterlesen, aber ich fragte ihn, ob er noch ein bißchen warten kann; denn man muß nachdenken. Aber die Wally hat schneller nachgedacht als ich und wollte wissen, ob man nicht gleich zu den sowjetischen Freunden weiterwandern und ihnen zum Tag der Sowjetarmee gratulieren kann.
Unser Alfons zeigte jetzt wieder seinen Goldzahn und sprach: sehr gut. Die anderen wollten auch eine Note von ihm haben und sagten allerhand dazu. Zum Beispiel die schöne Sonja Zunder: Wir schenken den Freunden ein Fotoalbum von uns. Klaus Bieber schlug vor, den Soldaten eine große Schneehütte zu bauen und dort unsere Geschenke hineinzulegen. Wer aber in die Hütte will, muß erst ein Lied singen oder ein Gedicht aufsagen oder was pfeifen. Der lange Schücht schrie, wer das nicht kann, darf auch einen russischen Tanz tanzen oder einen Handstand machen. Oder er muß mit einem Schneeball ein Ziel treffen. Und so kamen noch viele interessante Vorschläge.
Unser Herr Pilei mußte jetzt dauernd gute Noten verteilen, und er fragte mich, wieso ich noch nichts gesagt habe. Ich antwortete, der Punkt ist sehr schwer, und man muß darüber nachdenken, zum Beispiel, was wird, wenn kein Schnee liegt. Der Schweine-Sigi hat jetzt wieder schneller nachgedacht als ich und rief, das ist ganz einfach, indem man die Freundschaftsgeschenke in eine Schatzkiste packt, vergräbt, und die Freunde müssen diese Kiste suchen, sagen wir durch Kundschafter. Wenn das die Kundschafter nicht herauskriegen, dann kann ja ein Pionier als Kundschafteranleiter mitgehen, oder wir rufen bloß heiß oder kalt, und dann muß man ja langsam dahinterkommen, wo der Schatz vergraben sein könnte. Aber unser Pilei meinte, das mit dem

Kundschafter geht nicht; denn Kundschafter sein ist eine ernste Sache, und da soll man keine blöden Späße damit machen, und wir nennen die Kundschafter einfach Schatzsucher. Ich antwortete jetzt, daß Schatzsucher vielleicht auch nicht ganz richtig ist; denn Schätze haben meistens Piraten und andere Lumpen versteckt. Wir dagegen sind Pioniere, darum nennen wir die Schatzsucher lieber Pionierfreundschaftsgeschenksucher. Damit waren alle lachend einverstanden, und ich bekam vom Alfons auch ein „Sehr gut"!

Als wir die Punkte durch hatten, waren auf einmal schon zwei Stunden um, und wir hatten noch nicht alles gesagt. Denn der Herr Pilei hatte in seinem Plan die Timurtrupps vergessen, und er wollte wissen, wie wir uns das denken. Die Bärbel Patzig flüsterte, man kann vielleicht für die alte Frau Schlauch einkaufen gehen. Jetzt wußten viele, was man mit der alten Frau Schlauch anfangen kann, zum Beispiel: man kann bei ihr fegen, die Mädchen in der Stube, die Knaben auf der Straße. Man kann Kohlen holen oder ihr den Fernseher einschalten. Wenn man sieht, daß die alte Frau Schlauch einen schwarzen Kanal hat, kann man mit ihr darüber diskutieren. Und noch mehr so schöne Vorschläge. Die dicke Mia meinte, man muß auch an die Tiere des Waldes denken. Zum Beispiel sollte man sich mit Rehen und Vögeln beschäftigen. Am besten ist, man hilft dem Förster oder hängt einen Maiskolben zum Fenster raus oder baut ein Futterhäuschen. Der Schweine-Sigi erwiderte, man darf auch die alten Männer nicht vergessen, zum Beispiel den alten Herrn Josef. Einmal war es so glatt, da ist der Herr Josef dauernd hingefallen. Deshalb hab ich ihn auf meinen Schlitten gesetzt und nach Hause gefahren. Aber seine Frau hat geschimpft, weil der alte Herr Josef bloß besoffen und deshalb zu einer hilflosen Person geworden war.

Als alle ihre Vorschläge gemacht haben, fragte mich der Alfons, ob mir vielleicht noch was einfällt. Ich sagte ja. Man könnte zum Beispiel in die Stadt fahren und eine Pelzschau

besichtigen. Der Herr Pionierleiter antwortete, er kennt das nicht, und ich soll sagen, wo es das gibt. Ich sprach, die Pelzzucht ist im Eisstadion, und man kann sie zweimal in der Woche bewundern. Dorthin kommen die feinen Mütter mit ihren Töchtern zum Training. Die Töchter zeigen ihre Eislaufkunst und Sprünge und Doppelaxel und so was, wogegen die Mütter ihre schönen Pelze vorführen. Auch sind sie sehr teuer und stolz, und im Fernsehen kann man beobachten, daß sie die Töchter andauernd küssen müssen, damit die Leute mitkriegen, wie sie sich lieben.
Unser Herr Pilei blitzte jetzt wieder mit dem Goldzahn und entgegnete, daß wir dort wahrscheinlich nicht ohne weiteres hineinkommen, weil wir keine Pelze haben, und wir können ja bei uns ein Eisfest machen, zum Beispiel mit einem Eishockeyspiel gegen eine andere Schule. Oder vielleicht sogar einen Eiszirkus. Damit waren wir einverstanden. Mein Freund Harald und ich und wir beide gaben die Selbstverpflichtung ab, Plakate zu malen. Wer unseren Zirkus sehen will, muß eine Spende für Vietnam geben. Die vom Kindergarten dürfen umsonst rein, weil sie noch nicht lesen können.
Als wir fertig waren, fragte mich der Herr Pionierleiter, ob er den Ferienplan und die neuen Notizen noch einmal vorlesen muß. Ich sagte, es ist jetzt nicht mehr nötig, und es hat sich herausgestellt, daß die Pioniere gar nicht so blöd sind, und man muß ihre Vorschläge ernst nehmen und bewundern.
Jetzt kommt der zweite Teil vom Februar, nämlich die Winterleiden. Sie bestehen in der Ausgabe von Zeugnissen mit Schreckschußnoten – das reicht uns.

Wie wir uns aufmöbeln

Eines Tages stand auf der Kreisseite vom „Neuen Mittag" ein Artikel über die Schulen, in welchem es hieß, daß unsere Schule jetzt ein Rücklicht ist, weil wir noch 3,1 Prozent Sitzenbleiber haben. Ich kann mir schon denken, wer gemeint ist, sicher auch der Willi Pfeffnuß. Er ist schon dreimal hängengeblieben, und wir nennen ihn deshalb verdienten Schülerveteran der 5. Klasse. Er hat keine Lust zum Lernen, und sein Vater sagt, Hauptsache der Willi hat Muskeln. Und damit kann er auch noch genug Geld verdienen. Es gibt noch mehrere solcher Schülerveteranen, aber auch Schulanfänger. Sie sind vom Doktor bei der Schuluntersuchung als tauglich bestimmt worden, und nachher stellte sich heraus, daß einige mit ihrem Gehirnwachstum vielleicht doch noch nicht soweit waren. So kann es gekommen sein, daß wir ein Schlußlicht wurden. Die Leute reden jetzt über diesen Zeitungsartikel, und manche möchten ihre Kinder nicht mehr in unsere Schule schicken.

Auch mein Vater sagte abends, das ist ja eine schöne Geschichte, und er sah mich an, als wenn ich alles alleine vermasselt habe. Dabei bin ich noch nie sitzengeblieben, und mein Zensurendurchschnitt ist 1,7. Der von unserer Klasse beträgt 2,6. Aber mein Vater antwortete darauf, daß er sich dabei überhaupt nichts denken kann, und ich soll ihm lieber sagen, weshalb ich eine Vier in Biologie habe. Ich antwortete, man muß das nicht so ernst nehmen. Das ist nur eine Schreckschußnote.

Deswegen falle ich noch lange nicht um. Bio ist ein Klacks für mich, und im nächsten Halbjahr hol ich aller wieder raus.

Am nächsten Tag standen alle unsere Lehrer dauernd zusammen und zeigten sich gegenseitig die Zeitung. Auch unser Herr Direktor Keiler lief von einem zum anderen und sprach, man darf sich nicht aufregen, und er will sich jemand kaufen. Mich wahrscheinlich nicht; denn er jagte mich weg und sagte, ich soll meine Ohren lieber im Unterricht aufsperren. Als wir nach der Pause wieder in die Klassen gingen, stand an der schwarzen Tafel im Flur, daß heute nachmittag eine Lehrerkonferenz ist. Mein Freund Harald meinte, wir werden ja sehen, was dabei herauskommt, und der Herr Luschmil wird morgen wieder in die Klasse brüllen, jetzt weht ein anderer Wind. Aber seine Winde kenne ich schon, und man kann sich daran gewöhnen.
So war es auch. Zuerst hatten wir am anderen Tag Biologie beim Herrn Brettl. Ich dachte, er fängt gleich mit einer strengen Prüfung an, aber er war ganz sanft wie der Bernhardiner vom Herrn Kunstschmiedemeister Hutschenkreuter. Er fragte verschiedene Schüler: „Was hast du dir für ein Ziel gestellt?“ Weil er bei mir anfing, antwortete ich, daß es mehrere Ziele sind. Zum Beispiel möchte ich im Sommer mit meinem Freund Harald einen Anglersteg bauen, und Judo wollen wir lernen, und wir überlegen noch, ob wir uns ein Aquarium oder eine Schlangenzucht einrichten. Wir haben ein Kreuzotternnest gefunden, und man könnte vielleicht Gift abzapfen. Das ist gut für meine Tante Anna und gegen Rheuma. Der Herr Brettl hörte ganz ruhig zu und sagte nur, daß er von mir keine andere Antwort erwartet hat. Dann meinte er, es gibt einen besseren Vorschlag. Wir sollten uns Zielnoten stellen. Ich bekam die Zielnote Zwei und die faule Mia die Zielnote Drei. Wenn ich mich richtig zusammenreiße, schaffe ich sogar eine Eins, aber die Mia bestimmt nicht. Denn ihre Zielnote ist zu hoch und unwirklich oder wird auch Vatermorgana genannt.
Auch unser Herr Klassenlehrer fragte in der nächsten Stunde, was wir für Zielnoten setzen. Weil ich in Deutsch fast immer eine Eins habe, wollte er trotzdem wissen, was ich mir

vornehme. Ich antwortete, man kann ja die Zielnote Zwei stellen, und damit ich nicht verfaule, hinterher gleich wieder die Zielnote Eins. Aber unser Herr Klassenlehrer meinte, ich soll meine blöden Witze lassen, und er schrieb mir einen Tadel wegen unernster Blödelei ein. So bekam ich das Ziel, mich zu bessern, damit sich der Tadel später in ein Lob verwandelt. Daran kann man erkennen, daß ein Lehrer immer etwas findet, wenn die Schüler denken, sie haben kein Ziel mehr.

Aber nicht alle Lehrer haben uns an diesem Tage Zielnoten gestellt. Es gab auch welche, die uns damit in Ruhe ließen, zum Beispiel der gefährliche Herr Burschelmann. Er knallte uns guten Schülern ein paar Matheaufgaben an den Kopf und sprach: „Entweder schafft ihrs, oder der Teufel soll euch holen." Die schlechten Schüler nahm er sich an der Tafel vor, und sie kamen auch ganz schön ins Schwitzen. Die meisten von uns haben die schriftlichen Aufgaben geschafft, bei mir schrieb der Herr Burschelmann eine Eins ins Heft, indem er knurrte, ich soll mir bloß nichts einbilden. Auch gab er mir einen leichten Boxhieb auf den Oberarm. Das ist soviel wie ein Lob und heißt, man muß in Kondition bleiben und die gegnerischen Matheaufgaben nicht aus dem Auge verlieren und kühn angreifen. Daran kann man erkennen, daß der Herr Burschelmann in der Lehrerkonferenz wahrscheinlich geschlafen hat und nicht weiß, daß jetzt Zielnoten das Modernste sind.

Neben den Zielnoten gibt es aber auch noch andere Erfindungen. Zum Beispiel kann sich meine Schwester in der 1. Klasse das Ziel stellen, ein Imker zu werden. Das geht so vor sich. Unsere Frau Seidenschnur beginnt immer den Unterricht mit dem Aufruf: „Nun bin ich aber gespannt, wem ich heute ein Bienchen geben kann." Das Bienchen ist aber nur auf einem Gummistempel, und wer eine gute Antwort gibt oder einen Satz richtig abschreibt, bekommt das Gummibienchen ins Heft gedruckt. In der Pause schreien sich dann die Kinder gegenseitig zu: „Ätsch, ich hab ein

Bienchen, du nicht!“ Die keins haben, müßten jetzt eigentlich ihre Scham zeigen, aber meistens zeigen sie bloß die Zunge.

Meine Schwester hat schon bald einen ganzen Bienenstock voller Bienchen. Ich fragte, warum sie so wild danach ist? Sie antwortete, weil diejenigen, welche die meisten Bienchen haben, auch überall mit dürfen, zum Beispiel ins Theater. Auch sind die Bienchen fleißig. Ich sagte, es gibt auch faule Bienen und Drohnen, welche schnell krepieren. Meine Schwester fing gleich wieder an zu heulen, weil ich ihre Bienchen bloß schlecht mache. Daran kann man erkennen, daß man nur ein bißchen wissenschaftlich diskutieren muß, und gleich gibt es ein Geheule.

Deshalb schlage ich vor, nicht nur Bienchen, sondern vielleicht auch anderes Viehzeug, sagen wir Spinnen, zu sammeln. Sie sind ebenfalls sehr nützlich, und die besten Spinner bekommen später ein Insektenbuch oder so was. Dagegen ist es besser, wenn man in den oberen Klassen wissenschaftlich vorgeht, sagen wir mit Punkten. Wenn uns zum Beispiel die Klasse 5b auffordert, mit ihr zu kämpfen, dann finden wir auch ein paar Schliche, damit wir die meisten Punkte einheimsen. Denn es geht auch um die Ehre des Klassenleiters. Wenn der Punktekampf vorbei ist, kann der Herr Direktor Keiler in der Elternversammlung vorlesen, wie gut wir sind. Der Herr Schulrat muß dann unsere Schule loben, und die Kreiszeitung muß schreiben, daß wir nicht mehr Schlußlicht sind, sondern Scheinwerfer. Die Leute wollen dann alle ihre Kinder wieder zu uns schicken, und wenn wir Glück haben, kriegen wir sogar eine neue Schule.

Trotzdem wird es ein paar Mißtrauische geben, zum Beispiel meinen Vater. Er sagte, daß in seinem Betrieb einige Lehrlinge sind, die von einer solchen Siegerschule kamen. Aber sie stellen sich noch dusseliger an als unsere Schulabgänger, deshalb kann man den sieghaften Schulen auch nicht alles glauben. Ich antwortete, das liegt nicht an den Schulen, sondern an eurem Betrieb, weil ihr noch nichts erfunden habt, was die Lehrlinge aufmöbelt, zum Beispiel Bienchen, Zielnoten, Punkte oder einen Pokal für den besten Lehrlingsdurchschnitt.

März

Die Männer zeigen am 8. März
besonders den Frauen ein gütiges Herz.
Mein Vater wird mächtig spendabel
und schenkt der Mutti einen fabel-
haften Blumenstrauß und Pralinen.
Die Oma kriegt Scheibengardinen.
Ich und meine Schwester
schenken Mutti und Oma ein Flatterhemd
aus Polyester.

Wie man die Frauen ehrt

Zu den wichtigsten Gedenktagen gehört der 8. März oder auch Internationaler Frauentag genannt. An diesem Tag ist allerhand los, und ich muß einmal schildern, wie wir die Frauen ehren. Keiner soll denken, jetzt kommen ein paar blöde Witze mit Bart und so, im Gegenteil, es ist eine positive Beschreibung.

Fangen wir bei unserer Familie an. Schon ein halbes Jahr vorher denkt mein Vater an nichts anderes als an den Frauentag, indem er uns Kindern Ratschläge gibt, wie wir unsere Mutter und die Oma beehren können. Er verteilt drei Hauptaufgaben: Erstens muß man an die Blumen denken, zweitens an Glückwunschkarten und drittens an ein paar schöne exkwiesite Geschenke, das kann sein Selbstgebasteltes und Gekauftes. Der Befehl lautet dann: Wir Kinder kümmern uns um die Blumen, Karten und um das Selbstgebastelte, der Vater besorgt die anderen Geschenke.

Mit den Karten und Blumen gibt es keine Schwierigkeiten. Ich habe vor zwei Jahren zwanzig Karten gekauft, und sie reichen noch ein paar Jahre. Auch mit den Blumen klappt es. Denn der Herr Gärtner Krause hat einen Dauerauftrag, welcher so zustande kam: Mein Vater hilft ihm als Feierabendbrigadier bei kleinen Maurerarbeiten, dafür muß er jedes Jahr zum 8. März zwei große Blumensträuße aufheben. Meistens rote Nelken. Einen Tag vorher hol ich sie ab, und sie zieren dann eine Nacht lang den Keller. Der Vater kommt in diesem halben Jahr immer mal wieder mit einem Päckchen nach Hause, und er versteckt es an unsichtbaren Stellen für den Frauentag. Aber das ist längst nicht die ganze Überraschung.

Wichtig ist, daß mein Vater das ganze Jahr seine Frauen ehrt und die Gleichberechtigung durchhält, indem er jeden Abend hilft, das Geschirr abzuspülen und Kohlen aus dem Keller zu holen und anderes. Zum Beispiel geht er mit meiner Mutter zusammen in die Volkshochschule, damit die Mutter nicht zurückbleibt. Was der eine nicht kann, versteht der andere besser, und so helfen sie sich gegenseitig. Wenn meine Schwester einmal krank ist, wechseln sie sich gegenseitig beim Zuhausebleiben ab. Denn ihre Betriebsleiter sind sehr gütig und sagen, so muß es sein. Deshalb sieht auch der BGL-Vorsitzende sofort ein, wenn mein Vater einmal sagt, er kann heute abend nicht zur Sitzung kommen, weil er zu Hause Abendbrot machen muß und vorher einkaufen. Denn er ist in dieser Woche dran.

Bei meiner Mutter ist es genauso. Wenn sie spricht, der Vater hat für sie eine Theaterkarte ergattert, und deshalb bleibt sie einmal bei der DFD-Versammlung weg, dann rufen die Vorstandsfrauen aus einem Mund, wie schön das ist, und sie gönnen ihr diesen Abend. Denn Kultur muß sein. Auch unsere Lehrer sind zufrieden, weil meine Eltern immer zusammen zu den Elternversammlungen gehen, und es gibt keinen Streit, wer unsere Schularbeiten nachsehen soll. Entweder macht es heute die Mutter und morgen der Vater, oder alle beide zusammen oder überhaupt nicht. Dann sind meistens Ferien.

Deshalb gibt es am 8. März in unserer Familie keine besonderen Überraschungen. Wir schenken die Blumen nebst Glückwunschkarten, auch haben wir Kinder immer etwas gebastelt. Mein Vater schenkt der Mutter noch Pralinen und Parfüm, und die Oma kriegt auch was ab. An diesem schönen Tag dürfen wir Männer einmal nicht in der Küche oder sonstwo helfen; denn das lassen die Frauen nicht zu, und wir sollen es einmal im Jahr gut haben. Und so gibt es viel Freude und Küsse. In den nächsten Tagen und Wochen findet der Vater die versteckten Geschenke nach und nach wieder, und er überreicht sie mit roten Ohren. Denn es sieht jeder ein, daß man einmal etwas vergessen kann.

Auch in unserer Schule werden die Frauen sehr geehrt, und nicht nur am 8. März, sondern das ganze Jahr über. Wenn zum Beispiel bei unserer Frau Pitthuhn eins von ihren Kindern krank ist, und sie müßte deswegen ein paar Tage zu Hause bleiben, dann lassen das unsere Lehrer nicht so hingehen. Denn es darf kein Stundenausfall sein. Entweder übernehmen sie ein paar Stunden von Frau Pitthuhn freiwillig, oder der Herr Luschmil spricht zu seiner nichtarbeitenden Gattin, sie soll das Pitthuhnskind pflegen, oder der Herr Direktor Keiler sucht für ein paar Stunden eine Frau oder Oma, welche auf das Kind solange aufpaßt. Er hat sich extra vom DFD eine solche Frauen- und Omaliste geben lassen, und das klappt immer. Auch darf dann die Frau Pitthuhn nach ihren Stunden keine Minute länger in der Schule bleiben, sondern sie wird vom Herrn Direktor gleich nach Hause gejagt.

Unsere Lehrer passen immer gut auf, daß es den Lehrerinnen nicht zu schwer wird. Zum Beispiel nehmen sie den Frauen nicht nur die Mäntel ab, sondern auch alle schweren Arbeiten, und keine darf mit einer Funktion überlastet sein. In manchen Schulen ist es noch so, daß die Lehrer zu einer verheirateten Frau mit kleinen Kindern sagen, sie muß alles mitmachen. Bei uns ist es das Gegenteil; die Lehrer schreien, daß man diese Lehrerinnen schonen muß, und wir übernehmen schon einige Aufgaben. Wenn zum Beispiel eine Lehrerin sagt, daß sie am Freitagnachmittag für ihre Familie einkaufen muß und deshalb nicht zur Sitzung kommen kann, dann bedankt sich der Herr Direktor Keiler für diesen wertvollen Hinweis, und er legt alles um. Auch denkt er immer an die Frauen und macht ganz wenig Sitzungen.

Am deutlichsten wird die Frauenehrung, wenn es heißt, es gibt Prämien oder es kann jemand befördert werden. Einmal hieß es, es ist wieder eine ausgezeichnete Medaille fällig. Die Männer schrien gleich, es muß eine Lehrerin sein, und sie verzichten. Und sie haben dann eine Lehrerin gesucht, welche sehr bescheiden ist und ruhig und nicht so viel Wind

macht, aber sehr fleißig und beliebt ist, nämlich die Frau Borstel. Auch hat sie ein kleines Kind. Alle freuten sich über diese Wahl, am meisten die Frau Borstel und unsere männlichen Lehrer.
Die Ehrung geht weiter, indem der Herr Direktor Keiler mit unserem Herrn Bürgermeister Sparsock ein paarmal die Lehrerinnen zu Hause besucht oder mit ihnen einen Kaffeenachmittag macht. Dort sprechen sie über Frauenfragen und was man so tun kann. Und auch der Vater von meinem Freund Harald, der Herr Schulrat, kommt öfter und fragt, welche Frauen befördert werden sollen und eine höhere Funktion bekommen müßten. Der Herr Direktor Keiler jammert dann immer, er möchte zu gern, daß er von einer Frau abgelöst wird, und er will gern in eine andere Schule gehen, wo es noch nicht so läuft. Aber daraus ist bis jetzt noch nichts geworden, weil es die Lehrerinnen bei unserem Direktor so gut haben, und sie wissen nicht, was nachher kommt. Auch ist unser Fräulein Heidenröslein als eine stellvertretende Direktorin vorgemerkt. Aber sie muß warten, bis Frau Seidenschnur in Pangsion geht. Das ist in zwei Jahren. Bis dahin macht sie noch den Stellvertreter, und der Herr Brettl steht der älteren Frau Seidenschnur als Gehilfe bei.
Deshalb ist der Frauentag für unsere Lehrerinnen auch keine Überraschung mehr. Und sie richten an diesem Tag alles schön her und feiern mit den Lehrern; denn sie haben es verdient. Und wenn hier ein paar Sachen nicht ganz so stimmen, dann liegt es vielleicht daran, daß mein kleiner Kopf auch nicht alles so genau behalten kann.

Wo wir überall Vorbilder sehen

Wir leben jetzt in einer Zeit, in welcher alle unsere Vorbilder sein wollen. Manche schaffen es, manche noch nicht ganz, auch das hat Vorteile und Nachteile. Darum möchte ich einmal schildern, wer sich mit dem Leben der Schüler befaßt und was dabei herauskommt.
Die Erziehung durch Vorbilder fängt schon morgens in der Straßenbahn an. Unser Dorf liegt nämlich nicht weit von einer Großstadt entfernt, deshalb kommt die Bahn zu uns. Sie befördert verschiedene Personen, zum Beispiel Arbeiter, Einkaufsfrauen, Volkspolizisten, Damen, Betrunkene, Schüler, Kinderwagen, Obstkörbe, Weihnachtsbäume, Hunde, Bazillen und andere Lebewesen. Die Erziehung beginnt damit, indem die Schaffnerin ruft, die Kinder an der Tür sollen sie frei machen und hineintreten. Dagegen kann man nichts sagen. Indem wir weiter hineintreten, kann es passieren, daß eine Stimme ruft: „Verdammter Bengel, kannst du nicht aufpassen?“ Wenn jetzt der verdammte Bengel Entschuldigung sagt und ein ängstliches Gesicht macht, dann ist der Beschädigte vielleicht schon zufrieden. Wenn aber der verdammte Bengel bloß ein bißchen grinst, dann erschallen meistens mehrere Erziehungsstimmen mit dem Ausruf: „Das ist die Jugend von heute!“ Jetzt braucht die Jugend von heute nur ein bißchen zu brabbeln, und es kann vorkommen, daß eine Stimme neidisch ruft: „Früher kriegten wir ein paar hinter die Löffel, aber heute darf man keinen anrühren.“ Das ist der Augenblick, wo einige Erwachsene einen Erfahrungsaustausch anfangen. Die einen berichten, wie schön die Prügel waren und wie gut sie geworden sind, wogegen die anderen erwidern, es muß nicht sein, und es ist keine Erziehung.

Einige wollen es mit diesen und mit den anderen nicht verderben und sagen „Jajaja" oder gar nichts.
Sobald die meisten Schüler ausgestiegen sind, nimmt die Höflichkeit wieder zu, indem sich die Erwachsenen gegenseitig berücksichtigen und bedanken, zum Beispiel vor einer Einkaufstasche, welche ein anderer auf seinen Schoß hebt, damit der Sitzplatz frei wird. Wenn dagegen ein Schüler aufsteht, dann sagen manche nicht muff und nicht maff, vielleicht deshalb, weil ein Schüler nicht so bedeutend ist wie eine gehobene Einkaufstasche.
Auch im Konsum vollzieht sich manchmal eine vorbildliche Erziehung. Einmal stand die Schülerin Wally in der Schlange. Sie stand und stand. Und als sie fast dran war, drängte sich die Kundin Frau Hermine Kreisch vor und sprach zur Wally: „Laß mich erst dran, du hast noch Zeit." Die Verkäuferin erwiderte: „Frau Kreisch, das Kind muß die Familie versorgen, und ihre Mutter arbeitet." Die Kundin Kreisch entgegnete: „Denken Sie vielleicht, ich liege auf der faulen Haut?" Jetzt antwortete eine andere Kundin, und zwar von hinten: „Aber Sie sind doch nicht berufstätig. Sie können doch auch am Vormittag einkaufen." Die Kundin Kreisch schrie gleich zurück, wo es geschrieben steht, daß man am Vormittag einkaufen muß. Da sprach ein Kunde mit leeren Bierflaschen und tiefer Stimme: „Meckern Sie hier nicht herum, und warten Sie, bis Sie dran sind." Die Kundin Kreisch wetzte jetzt ihren großen Mund und nannte den Herrn einen alten Dussel. Dieser verglich danach die Öffnung ihres Mundes mit einer Schleuder oder so was. Das hörte die Kundin und das Elternbeiratsmitglied Frau Schuhmann, und sie ermahnte zur Höflichkeit wegen der Kinder. Die Kundin Kreisch lachte abgehackt und schrie, die Frau Schuhmann hats nötig. So ging es hin und her, und inzwischen hat die Verkäuferin die Jungkundin Wally und zwei andere Kunden bedient, die hinter der kreischenden Frau Kreisch standen, weil die Kundin Kreisch nicht mehr aufpaßte, sondern diskutierte.

Aber es gibt auch noch andere Vorbilder und Erzieher. Eines Tages kam in unsere Klasse der Herr Arbeiterveteran Erwin Knorcke. Der Herr Knorcke erzählte uns sein Leben und von Ernst Thälmann; denn sie waren Kampfgenossen. Wir fragten den Herrn Knorcke nach allerhand aus, zum Beispiel, ob Ernst Thälmann sehr stark war, wie er mit seinen Genossen gekämpft hat und wie er es angestellt hat, daß ihn die Polizei nicht erwischte. Die Mädchen dagegen wollten wissen, was der Ernst Thälmann in der Freizeit gemacht hat und wie er mit seiner Tochter umging und ob er zu Hause auch manchmal beim Abwasch geholfen hat. Mein Freund Harald rief dazwischen, daß man solche blöden Fragen verbieten muß, und ich sagte, daß ich mir auch nicht vorstellen kann, wie ein Revolutionär mit Schürze aussieht, und wenn die Mädchen so gern gackern, dann meinetwegen im Hühnerstall und nicht hier. Aber der Herr Knorcke sprach, man muß alles beantworten. Diese Stunde war sehr interessant, und wir fragten unseren Herrn Geschichtslehrer, ob er in der nächsten Stunde auch etwas vom revolutionären Kampf erzählen wird. Er sagte, dieser Kampf ist erst zwei Jahre später dran.

Wichtige Vorbilder kommen aus unserer Patenbrigade, nämlich von einem Baubetrieb. Als sie das erste Mal bei uns waren, sagten sie, wir sollen nicht erschrecken, weil sie eine rauhe Schale haben. Aber es stimmte nicht. Ihre Häute sind genauso glatt wie andere Häute. Wir besichtigten die Kräne, Betonmischmaschinen, die Gerüste, die Kantine, einmal auch ihre Frauen beim Brigadetreffen und andere Maschinen. Ein Brigademitglied heißt Herr Brügge und ist ein Mathe-As. Darum leitet er einen Geometriezirkel. Der Herr Borsch dagegen beschäftigt sich mit Aquarien und hat mehrere davon. Auch seine Frau macht mit. Deshalb lud er uns zu ihrer Besichtigung ein. Fast jeder hat ein Steckenpferd oder ein Hobby. Zum Beispiel spielt der Herr Siebnack mit uns Fußball, und wenn er denkt, wir sehen es nicht, dann spielt er mit den Fingern von unserem Fräulein Bella Kohl.

Wir können uns schon vorstellen, wie das ausgeht. Manchmal erzählen uns die Brigademitglieder, wie es bei ihnen zugeht, nämlich kritisch, und wir sollen uns ein Beispiel nehmen. Wenn man so groß und stark ist, ist das keine Kunst. Die Brigademitglieder erzählten, daß sie in den Versammlungen jetzt öfter fragen: „Kollege, wie erziehst du dein Kind?“ Da hat mein Vater aber Schwein gehabt, daß er in einer anderen Brigade ist.

April

Am 1. April darf man ruhig sagen:
„Herr Kurz, Sie haben einen Floh am Kragen“
oder „Frau Seidenschnur, Ihr Strumpf hat ein Loch“.
Aber die meisten merken doch,
daß es bloß Aprilscherze sind,
welche fast niemand mehr übelnimmt.
Nur unser Herr Luschmil sagt zu diesem Spaß:
„Ich verbitte mir das.“

Was es für Lügen gibt

Das Lügen ist eine unsittliche Eigenschaft, welche man bekämpfen muß. Es gibt verschiedene Lügen: leichte Lügen, mittlere Lügen und schwere Lügen. Die leichten sind am meisten anzutreffen, und man teilt sie ein in Spaßlügen, Liebeslügen, Schamlügen, Rettungslügen und Notlügen. Das muß man an ein paar Beispielen erklären.

Wenn wir Knaben am 1. April hinter dem Herrn Burschelmann herschreien, er hat ein Loch, so nennt man das eine Spaßlüge oder auch Aprilscherz, und es setzt keine Strafe. Der Herr Burschelmann brummt nur was Unanständiges zurück, und dann legt er uns meistens selber rein. Oder wenn ein geliebter Mann zu der geliebten Braut spricht, für sie möchte er sonstwohin und noch weiter laufen und Sterne runterholen, so nennt man das eine Liebeslüge. Später lügt ein geliebter Mann nicht mehr so leichtsinnig, weil seine geliebte Frau die Wahrheit kennt und nicht mehr alles glaubt. Oder nehmen wir meine Großmutter. Als meine Schwester geboren worden ist, sagte meine Oma, der Klapperstorch hat sie besorgt. Das ist eine Schamlüge, weil sich Omas beim Kinderkriegen immer noch so zieren, und das trotz unserer Aufklärung. Eine Rettungslüge ist, wenn mein Vater mit einem Schwipschen nach Hause kommt und zu meiner Mutter spricht, er ist gar nicht betrunken; denn es waren nur zwei. Mit dieser Rettungslüge muß er den Frieden retten, und es gelingt manchmal. Wenn sich dagegen ein Mensch in einer großen Notdurft befindet, sagen wir, er hat seine Schularbeiten vergessen, dann sagt er manchmal, das Heft liegt auf dem Küchenschrank. Das ist eine Notlüge. Ein guter Lehrer glaubt es und spricht, zeig sie morgen. Ein noch besserer Lehrer sagt, hol das Heft in der großen Pause. Dann ist die Not meistens sehr groß. Von solchen leichten Lügen gibt es sehr viele, und man kann sie gar nicht alle aufzählen.

Die mittleren Lügen zerfallen in Höflichkeits- und Absichtslügen. Die Höflichkeitslügen sind sehr verbreitet und fangen schon am frühen Morgen an. Zum Beispiel rufen sich manche Feinde guten Morgen zu, und dabei möchten sie sich lieber gleich gegenseitig vergiften. Auch sind Höflichkeitslügen am schwersten zu bekämpfen, weil man allerlei ausbaden muß, wenn man nicht lügt. Einmal sagte ich zu meinem Freund Harald, wir wollen von jetzt ab überhaupt nicht mehr lügen, auch nicht aus Höflichkeit. Die Schule war gerade aus, und wir sind ein bißchen schneller geschritten, und dabei streiften wir um die Ecke herum unseren lieben Herrn Luschmil. Er fragte, ob wir noch alle Tassen im Schrank haben. Ich sagte, daß ich es nicht genau weiß, und ich muß sie erst zu Hause nachzählen. Das war die wirkliche Wahrheit, und dafür gab es gleich eine Strafarbeit. Oder ein anderes Beispiel. Wie ich zu Hause ankam, da stand eine bekannte Frau mit einem Kinderwagen vor dem Haus, und meine Mutter schaute hinein und schrie immerzu, ach, was das doch für ein hübsches Kerlchen ist, und die Bekannte blickte ganz stolz dahin. Meine Mutter rief, ich soll auch einmal sehen, was das für ein hübsches Kerlchen ist. Ich sagte, das Kerlchen sieht am Kopf ganz zerquetscht aus, auch habe ich schon schönere Kerlchen gesehen. Die Bekannte schob gleich weg und sprach, sie möchte nicht meine Mutter sein, wogegen meine Mutter mir eine langte und fragte, woher ich so eine Unhöflichkeit habe. Darum sind Höflichkeitslügen so schwer zu bekämpfen, Absichtslügen dagegen leichter, wenn sie rauskommen.

Ein Absichtslügner kann zum Beispiel ein Rechtsverbrecher sein oder ein Heiratsschwindler, indem er sein Alibi nicht angibt, bei dem er in der letzten Nacht war. Denn die Heiratsschwindler verstellen sich wie Detektive, indem sie

zu der einen Frau sagen, sie sind Geschäftsbesitzer, und zu der anderen, sie sind ein Doktor oder einsame Einsiedler wie Robinson. Nachdem die Frauen gläubig alles hingaben, sind diese Schwindler verschwunden wie bei meiner Tante Anna. Die Absichtslügner werden meistens bestraft, sagen wir mit einer wirklichen Heiratsverpflichtung oder mit einem Zeitungsartikel, in welchem steht: Hiermit nehme ich die Lügen und Beleidigungen zurück und verspreche, daß die Frau Malvine Speckmann kein Klatschmaul ist. Jetzt weiß jeder, daß man mit Frau Speckmann über alles reden kann.

Die schweren Lügen sind noch viel schwerer zu bekämpfen, und manchmal erkennt man sie gar nicht so leicht. Man muß das wieder an einem Beispiel erzählen. Eines Tages sagte die dicke Mia, daß die Fernsehapparate teurer werden, weil es eine Preisreformation oder so was gibt. Unser Herr Direktor Keiler sagte, das ist ein großer Quatsch und eine Unwahrheit, und er möchte gern wissen, wo die dicke Mia diesen Quatsch herhat. Die Mia hat jetzt ein paarmal mit den Augendeckeln auf und nieder gemacht und gesagt, sie weiß es von ihrem Onkel. Er ist ein Drucker und druckt die Fernsehpapiere und so was. Unser Herr Direktor Keiler fragte, wo das ist und wie der Onkel heißt. Die dicke Mia sagte es ganz unschuldig, und jetzt glaubten wir alle der dicken Mia. Zwei Tage später ist der Herr Direktor mit dem Druckereileiter zu uns gekommen, und er sprach, daß es bei ihm gar keinen Onkel gibt, welcher so heißt, und es ist alles Schwindel, und die dicke Mia soll sagen, wie sie dazu kommt. Sie antwortete, es kommt von einem Westsender, aber sie darf es nicht sagen, weil es dann zu Hause Senge gibt. Daran kann man erkennen, daß die schwersten Lügen solche sind, welche andere zum Mitlügen anstecken.

Seit diesem Tage gibt es in unserer Klasse nur noch ganz wenig Besengte, und wir werden sie schon noch kurieren, entweder so oder so.

Als ich meinem Vater die dicke Mia-Geschichte erzählt habe, sagte er, man muß solche Eltern, welche ihre Kinder vergiften, bestrafen oder zitieren, entweder vor den Elternbeirat oder in der Ortszeitung. Auch meine Mutter sprach, daß sie ihre Kinder nicht hin- und herreißen möchte, und man muß daran denken, daß diese Ochsenkopfsender sogar beim Lügen lügen. Ich weiß das nicht, weil mich solche Sender nicht interessieren. Lieber gehe ich spielen, oder ich lese ein lustiges Buch, zum Beispiel die Geschichten vom Eulenspiegel oder vom dicken Herrn-Schmitt-Buch. Sie lügen auch ein bißchen, aber bloß zum Spaß.

Etwas über die Berufsspinner

Unser Herr Direktor Keiler sprach eines Tages auf dem Flur zum Herrn Burschelmann, daß man nie früh genug damit anfangen kann. Weil ich stehenblieb und hören wollte, womit man nie früh genug anfangen kann, zeigte der Herr Burschelmann einen gespreizten Daumen. Das bedeutet: Hau ab! Deshalb stellte ich mich zur Vorsicht hinter eine Ecke. Dort konnte ich Herrn Burschelmanns kräftige Stimme auch ganz gut hören. Er sprach, das stimmt, und es muß sich was ändern. Der Herr Direktor antwortete, daß er heute nachmittag in der Konferenz spricht und anweist.

Ich bin danach gleich in die Klasse gegangen und habe zu meinem Freund Harald gesagt, es liegt wieder was in der Luft, und es ist vielleicht richtig, wenn wir ein paar Maßnahmen ergreifen. Mein Freund Harald witterte auch und sprach, daß er vorsichtshalber verordnen wird, die Klassenwandzeitung neu zu machen. Und unser Wandzeitungsredaktionsmitglied Wolfgang Backe, genannt Schnüffel, soll ruhig mal seine faulen Glieder bewegen. Und ich als Wandzeitungsredaktionskommissionsvorsitzender soll dem Schnüffel gleich einen Auftrag geben.

Ich ging dann zum Schnüffel und sagte, was los ist. Er hat aber nicht sofort kapiert und fragte, wieso er und was er tun soll. Ich sagte, er muß sich nicht so blöd anstellen und fragen, was wichtig ist, und unser Pionierleiter Alfons wird ihm helfen. Auch muß er nicht alles allein machen, sondern alle ranziehen.

Das tat er auch. Und unser Pilei Alfons sagte, das trifft sich, weil er und die Lehrer heute nachmittag über die Berufsberatung beraten, und wir könnten eine Wandzeitung schreiben

mit dem Thema: „Was ich einmal werden kann.“ Und das beste wird sein, wenn der Schnüffel jemand von uns den Auftrag gibt, einen Leitartikel zu schreiben. Auch ist in allen Klassen dieses Thema dran. Und so kam es, daß mir der Schnüffel den Auftrag gab, diesen Artikel selbst zu schreiben. Ich soll daran denken, daß überall dieses Problem steht, und mich anstrengen. Ich dachte, das kommt davon, wenn man es ganz demokratisch macht. Auch fragte ich den Schnüffel, ob ich vielleicht wie die kleinen Scheißerchen in der 1. Klasse schreiben soll, daß ich ein Eisverkäufer werden will. Aber Schnüffel meinte, ein Leitartikel muß prinzipal sein, und ich soll endlich anfangen.
Am nächsten Tag war er fertig. Er lautete: „Die Zukunft kommt auf uns zu. Sie heißt wissenschaftlich-technische Revolution. Diesem Problem kann niemand ausweichen, auch nicht die Klasse 5a. Es geht um die Automatisierung und um die Erforschung des Weltalls und um eine schnellere Belieferung aus der Wäscherei des Herrn Protz. Denn es geht auch um die Erleichterung unserer Frauen, Lehrerinnen, Verkäuferinnen, Genossenschaftsbäuerinnen usw. Durch diese Zukunft kann jeder Zehnklassenschüler etwas werden. Alle sind deshalb aufgerufen. Im Jahre 2000 sind wir über vierzig Jahre alt, und daran muß man jetzt schon denken. Was dann aus mir geworden ist, weiß ich noch nicht.“
Als unser Herr Burschelmann in die Klasse kam, schaute er sich gleich die Wandzeitung an, und als er meinen Namen las, lachte er grimmig und sprach, dann wollen wir doch einmal sehen, was der Ottokar von der Mathematik weiß. Der Herr Burschelmann dachte, er kann mich reinlegen, aber er mußte bald einsehen, daß mit mir nichts zu machen war, und er gab mir deshalb eine grimmige Eins. Danach brachte er uns alle wieder ganz schön ins Schwitzen.
Wie die Stunde um war und wir alle rausgingen, hielt mich der Herr Burschelmann am Schlafittchen und knurrte: „Das ist Spinnerei an der Wandzeitung. Hättest lieber schreiben

sollen, daß sich jeder auf seinen ..." Aber er sprach das Wort Gesäß nicht mehr aus, sondern schob mich zur Tür hinaus. Er rief hinterher, daß wir weniger quatschen und mehr lernen sollen. Ich sagte ja, und als ich draußen war, amen. Auch nahm ich mir vor, den Artikel wieder runterzurupfen. Aber da kam schon unsere Frau Seidenschnur und las ebenfalls. Sie wurde ganz fröhlich und rief, dann wollen wir gleich ein bißchen weiterspinnen, und wenn sie uns alle so sieht, muß sie immer daran denken, was in dreißig Jahren aus uns geworden sein wird. Und sie muß dann vielleicht zum Schweine-Sigi Herr Tierarzt sagen und zur Wally Frau Studienrätin und zum langen Schücht Herr Diplominschönjör und zum Harald Herr Professor und zur Bärbel Patzig Frau Kammersängerin, und so hat sie noch viele aufgezählt. Ich dachte, wenn die Bärbel bloß in der Kammer singt, dann geht es ja noch. Meinetwegen kann sie auch Zimmersängerin werden, aber zu einer Saalsängerin reichts bestimmt nicht.
Als die Frau Seidenschnur mich anschaute, meinte sie, daß aus mir vielleicht ein großer Staatsmann wird. Ich antwortete, das kann schon passieren, bloß muß ich immer daran denken, daß wir dann auch noch Arbeiter brauchen. Deshalb beschloß ich jetzt, erst einmal ein bedeutender Facharbeiter zu werden, sagen wir im Baugeschehen. Die Frau Seidenschnur lobte meine Entschließung und wollte wissen, ob ich ihr dann auch ein schönes Haus baue. Ich sagte laut meinetwegen und leise zu meinem Freund Harald, der blöd grinste, ob der Herr Professor vielleicht ein Klosett wünscht, welches automatisch abputzt. Aber der Herr Professor sprach geistig, ich soll meine Klappe halten.
Mit dieser Stunde war die Berufsaufklärung noch nicht beendet. Wir verstärkten sie, indem wir auf Exkursionen gingen. Zuerst in die LPG „Fruchtbare Krume". Der Herr Vorsitzende hat erzählt, wie schön es ist, wenn die Mädchen mit weißen Kitteln die Kühe beherrschen und die Knaben stolz Mähdrescher und Mistlader fahren. Auch ist das Leben nicht mehr anstrengend. Danach exkursierten wir in einen Ver-

kehrsbetrieb, und als wir auf einem Plakat lesen konnten, daß auch ein achtklassiger Schüler eine mächtige Entwicklung nebst Altersversorgung bekommt, da sprach unsere Eveline Plemm, sie pfeift auf die 9. und 10. Klasse und wird sich nur noch dem Verkehr widmen.

Wir exkursierten später noch zu einer Sternwarte, in ein Theater, zu einer Schleuse, ins Altersheim, in eine Brauerei, zum Kunstgewerbezirkel von Frau Amanda Häkel, zu den Straßenbauern, zum Zirkus, in den Milchhof und sogar in den Harz zum Hexentanzplatz. Immer lernten wir, welche Zukunft uns bevorsteht, und wir können jetzt schon besser sehen, was aus uns einmal werden kann. Alle diese Geschehen sind wichtig.

Aber damit hört die Aufklärung immer noch nicht auf, und man muß daran denken, daß es auch Familiensippen gibt, welche ebenfalls Einfluß haben. Und die Sippenmitglieder sehen oft viel besser, wie man sich entwickelt. Weil zum Beispiel die Carmen Wurzel bei einem Elternabend einmal allein gesungen hat und die Eltern aus falscher Höflichkeit klatschten, schreit die Frau Wurzel jetzt überall herum, daß sich ihre Tochter der Kunst verschrieben hat. Aber wir kennen sie besser. Denn die Carmen Wurzel verschreibt sich nicht nur der Kunst, sondern auch in den Diktaten, und zwar oft. Darum hat der Herr Burschelmann vielleicht doch recht, wenn er verlangt, wir sollen nicht rumspinnen, sondern lieber lernen.

Mein Freund Harald dagegen sprach, er will nicht Professor, sondern Erfinder werden und einen ganz neuen Beruf erfinden. Dieser heißt Berufsberater. So einen Beruf wird es nie geben, und daran kann man erkennen, daß sogar mein Freund Harald spinnt.

Mai

Am 1. Mai wird demonstriert:
mein Vater mit der Kampfgruppe marschiert,
meine Mutter geht mit der LPG,
die Oma mit dem DFD,
meine Schwester und ich spazieren
selbstverständlich mit den Pionieren;
schade, daß wir kein Baby mehr haben;
das säß im Wagen!

Unser Freundschaftstreffen

Eines Tages sagte unsere Russischlehrerin, Frau Katharina Pitthuhn, daß sie sich zum Tag der Befreiung was Schönes ausgedacht hat, nämlich ein Freundschaftstreffen mit einer sowjetischen Schulklasse. Sie kommt aus unserer Kreisstadt, und es sind die Kinder von sowjetischen Soldaten und Offizieren, die uns zusammen mit der Volksarmee beschützen. Frau Pitthuhn hat alles mit den Freunden ausgemacht, und wir sollen jetzt überlegen, wie wir sie empfangen und unterhalten.

Wir waren gleich freudig aufgeregt und sagten der Frau Pitthuhn, wie wir uns das Treffen denken. Das Beste dachte sich mein Freund Harald aus, indem er vorschlug: Man kann ja mit den sowjetischen Freunden einen Wettbewerb ausrufen, zum Beispiel im Gedichtaufsagen und Theaterspielen – und die Mädchen im Singen und Tanzen, damit sie auch was zu tun haben.

Frau Pitthuhn rief, das ist eine feine Sache, und sie möchte noch mehr solche Gedanken hören. Die Wally schlug jetzt eine Handarbeitsausstellung vor, der Schweine-Sigi einen Schachkampf und Wettrechnen, die Bärbel Patzig eine Gemäldegalerie, die dicke Mia eine Sitzung mit Schlagsahne und Torte, der lange Schücht ein Fußballspiel, und die Mädchen müssen uns anfeuern und jubeln. Der Pillenheini sagte, man kann auch einmal zeigen, wie man gebrochene Beine und Köpfe schnell verbindet; denn junge Sanitäter gibt es überall. Wer siegt, ist Sieger. Jetzt meldete ich mich und sprach, daß ich das auch alles vorschlagen wollte, und man muß unterstreichen, was meine Vorredner unterstrichen haben. Auch könnte man vielleicht einmal probieren, wie wir uns miteinander in der anderen Sprache unterhalten. Wer von uns am längsten Russisch spricht, bekommt einen Orden. Frau Pitthuhn antwortete, sie ist von mir enttäuscht, und die anderen Vorschläge waren besser. Auch wird sie alles so besprechen und vorbereiten.

Als es soweit war und wir uns vor der Turnhalle aufgestellt hatten, kam endlich der Omnibus mit unseren sowjetischen Freunden. Sie mußten erst antreten, danach marschierten sie vor uns hin, indem ein sowjetischer Pionier auf deutsch rief: „Wir grußen unsere Freunde mit Freundschaft." „Freundschaft" schrien jetzt alle sowjetischen Pioniere. Unsere Frau Pitthuhn war auf einmal mächtig aufgeregt und fragte leise, ob das von uns auch einer kann, und sie hat gar nicht an einen russischen Begrüßungssatz gedacht. Weil wir auch nicht daran gedacht haben, rief jetzt Frau Pitthuhn diesen Satz selbst auf russisch, und wir schrien danach „Druschba". Wir haben uns erst noch ein bißchen gegenseitig beklatscht und darauf gewartet, wer zuerst aufhört. Wir hörten zuerst auf, und unsere Freunde waren Sieger.

Dann setzten wir uns an die Kuchentafel. Neben mir saß ein Mädchen mit einem schönen gelben Zopf. Ich fragte sie auf russisch, wie sie heißt. Sie hat meine Frage ziemlich schnell erraten und antwortete: „Walja." Jetzt fragte sie auf deutsch: „In wieviel Klasse Sie gähen, bittä?" Ich sprach stolz: „Pjät klass." Sie hat es auch ziemlich richtig verstanden und sagte einen langen Satz auf russisch. Ich antwortete sehr sicher: „Nepanjemaju." Danach fragte ich auf deutsch, warum Walja „Sie" zu mir sagt. Walja antwortete darauf: „Nix värstäh, bittä." Sie war immer sehr höflich, und ich sagte, daß wir jetzt mit dem Kakao Brüderschaft trinken müssen. Als ich ausrief „Nastrowje!, mußte Walja mächtig lachen, und sie hatte schöne große Zähne. Nachher zählte ich zusammen, und es stellte sich heraus, daß ich schon halber Sieger war. Denn Walja sagte nur siebenmal „Nix värstäh", wogegen ich fünfzehnmal „Nepanjemaju!" ausrief.

Wie wir mit dem Kuchenessen fertig waren, ging es los. Die

Lehrer wählten eine Schüri, und die sollte sagen, wer der Beste im Wettbewerb ist. Zuerst sprach unsere Tanja Schulze ein russisches Gedicht. Sie ist unsere beste Russischschülerin. Die sowjetischen Pioniere und Lehrer wollten gar nicht mehr aufhören mit Klatschen. Danach sprach der sowjetische Pionier Kolja ein deutsches Gedicht, es hieß „Gefunden von Johann Wolfgang Goethe". Jetzt klatschten wir wie verrückt, aber die Schüri meinte, die Tanja ist Sieger. Das ist keine Kunst, weil Tanjas Mutter Russischlehrerin ist.

Nachher sangen wir Lieder. Zuerst klatschten unsere Lehrer bei unseren Liedern mit, später nicht mehr, sondern nur noch bei den russischen. Auch bekam der Herr Burschelmann Ohrensausen, wenn wir sangen, und er stopfte sich die Finger hinein. Danach zeigten die Tänzer ihre Kunst. Bei den sowjetischen Pionieren tanzten die Knaben und Mädchen, bei uns nur noch die Mädchen, weil wir Knaben den Anblick noch mehr versaut hätten. Aber es hat trotzdem nichts genutzt. Die Leninpioniere siegten, weil sie schneller waren und sich schöner wiegten, besonders in den Hüften. Unsere Mädchen waren zuerst ein bißchen traurig, und der Herr Burschelmann sprach zu ihnen, sie sollen nicht weinen, und es war ein schöner deutscher Stampfer, den ein anderer auch nicht so leicht nachmachen kann. Jetzt mußten die Mädchen wieder lachen.

Zum Schluß rechnete unser Schweine-Sigi die Sieger zusammen. Wir siegten: im Gedichtaufsagen, im Fußballspiel, in weiblichen Handarbeiten, welche eine DFD-Frau anleitet; auch im Hochsprung und im Sackhüpfen waren wir die Besten, und unser Klassenlehrer meinte, im Lärmmachen waren wir auch gut. Aber das wurde nicht mitgerechnet. Die Leninpioniere siegten: im Schachspiel, im Singen und Tanzen, im Laufen, Tauziehen und Weitsprung und in der Disziplin, was ebenfalls nicht mitgerechnet wurde.

Nach dem Sport hieß es, jetzt kommt das Sprachspiel, aber es läuft außer Kongruenz. Das Spiel ging so: Zwei Schüler

sind die Spieler, und sie müssen sich ein Gespräch ausdenken und spielen, sagen wir am Postschalter, im Geschäft, auf dem Bahnhof, beim Arzt usw. Sie müssen dabei miteinander in der fremden Sprache sprechen, bis ihnen nichts mehr einfällt. Und die Schüri schaut auf die Uhr, wie lange es jeder aushält. Meine Freundin Walja spielte mit ihrem Klassenfreund Aljoscha Vater und Tochter. Der Vater fragte, was die Tochter den ganzen Tag gemacht hat, und Walja antwortete oder umgekehrt. Und zwar alles in deutsch. Als sie nicht mehr weiterkonnten, sagte die Schüri, daß sie acht Minuten gesprochen haben und die Besten der sowjetischen Mannschaft sind.

Danach spielte ich mit meinem Freund Harald das Stück „Lehrer und Schüler". Ich war der Lehrer und fragte den Harald: „Tschto äto?" Harald antwortete: „Äto stol." Ich fragte wieder: „Tschto äto?" Harald antwortete: „Äto lampa." Ich zeigte meinen Federhalter und fragte: „Tschto äto?" Harald sprach: „Äto penal." Danach biß ich in eine Stulle und fragte: „Tschto äto?" Harald rief: „Äto Buterbroat" usw. Es war sehr lustig, und die sowjetischen Lehrerinnen mußten vor Freude weinen, wogegen die Schüri nach zehn Minuten rief, wir sollen aufhören, es reicht. Und unser Herr Burschelmann meinte, wenn wir so weitermachen, wird er das Ende nicht mehr erleben. Das stimmt.

Es war ein sehr schönes Fest, und unser Herr Direktor Keiler hielt eine Rede und rief, wir haben alle gewonnen. Wir begleiteten danach unsere Freunde zum Omnibus. Ich sagte „Doswidanja, Walja", wogegen sie sprach: „Aufwiddersähn, Oodookarr." Auch hätte ich sie gern ein bißchen gedrückt, aber das ging nicht, weil die anderen dabei waren. Und man soll nicht nur eine Walja lieben, sondern alle Freunde. Druschba!

Wie die Angeber angeben

Es gibt verschiedene Angeber, solche, die nichts dafür können und vielleicht das Angeben schon von einem männlichen oder weiblichen Elternteil geerbt haben. Und es gibt solche, welche den ganzen Tag darüber nachdenken müssen, wie sie morgen wieder angeben können. Denn ein Sprichwort heißt: Wer angibt, hat mehr vom Leben. Und ein anderes heißt: Wer angibt, hat es nötig. Danach verhalten sich die Angeber, und sie glauben, daß alle Leute auf sie hereinfallen. Am meisten geben jetzt die Leute an, welche mit dem Geld nur so rumschmeißen. Man muß das an einigen Beispielen deutlich machen.

Nehmen wir einmal unsere Schule. Da gibt es die faule Mia. Aber sie zeigt jeden Tag ein anderes Kleid, und sie fragt dann die Mädchen immer, ob sie schön ist. Ein paar sagen ja, weil die Mia Torte und Eis spendiert, aber die meisten sagen nichts, weil sie keine verschwenderischen Eltern haben. Einmal malte ich ein schönes Bild für unsere Wandzeitung. Es zeigte siebenmal die teure Mia, einmal wie sie am Montag aussieht, dann am Dienstag, Mittwoch, Donnerstag, Freitag, Sonnabend und Sonntag. Und sie hat jedesmal eine andere Kladasch an. Dazu schrieb ich den Aufruf: Wir grüßen die Prinzessin Mia und rufen allen Pionieren die Losung zu: Seid immer schick! Die meisten haben gelacht, nur die Mia nicht, sie schrie, daß wir bloß neidisch sind.

Aber die Zeichnung blieb nicht lange dran, weil Mias Mami zum Herrn Direktor Keiler ging, und ich mußte in der Pause zu ihm hinkommen. Die Mutter von Mia schaute wie eine Beleidigte, und der Herr Direktor wollte wissen, was ich mir gedacht habe, und ich soll jetzt eine Entschuldigung aufsagen.

Ich sagte, daß ich mir schon was gedacht habe, aber entschuldigt habe ich mich nicht, lieber hätte ich mir die Zunge abgebissen. Der Herr Direktor hat gleich gemerkt, daß ich eine Ehre habe, und er fragte wie ein gütiger Vater, ob ich mich wieder mit Mia vertragen will. Ich antwortete ja, und wenn sie Geburtstag hat, schenk ich ihr von meinem Spargeld eine Pionierbluse und ein Pioniertuch; denn Mia ist die einzige, welche sich diese Sachen nicht leisten kann. Der Herr Direktor mußte sich jetzt umdrehen, und Mias Mutter hat sich schnell gepudert. Daran kann man erkennen, daß die Androhung eines Geschenkes manchmal genauso wirkt wie ein Wandzeitungsartikel.

Der größte Angeber an unserer Schule ist Rainer Muck. Sein Vater verdient ganz schön und besitzt ein liebendes Vaterherz. Damit beschenkt er seinen Sohn mit allerlei wertvollen Sachen, zum Beispiel mit einer elektrischen Armbanduhr, mit einer Kofferheule, mit einem Tonbandgerät und mit einem Fernglas, womit er abends in die Fenster guckt. Als der Rainer Muck Jugendweihe hatte, mußte der Fahrer vom Herrn Vater die Leute zum Festsaal fahren, welcher nur fünf Minuten von Rainers Wohnung entfernt war. Aber es sieht besser aus, und die Leute sollten denken: Mucks sind groß und bedeutend. Am meisten gab Rainer Muck mit der Filmkamera an. Sie kostete bloß 265 Mark. Solch billige Sachen werden auch in Zeitungsanongsen angeboten, und es steht dabei, daß es die richtigen Geschenke für die Jugendweihe und andere Feste sind. Ich mochte auch einmal so ein schönes Geschenk haben, aber mein Vater meint, mit solchen Kleinigkeiten fängt er gar nicht erst an, und ich kann mir aussuchen, was ich will, entweder eine Motorjacht oder ein Rennpferd. Ich sagte, meinetwegen beides.

Auch gibt es Leute, welche mit ihrem Beruf angeben. Einmal war ich beim Fleischer Saft. Die Fleischerin Frau Hedwig Saft bediente gerade die vornehme Frau Amalia Zipfel. Diese sagte laut, daß ihr Gatte schon wieder zwei hohe Professoren aus dem Ausland mitbringt, und es fehlt ihr bloß noch

Leber. Die Fleischerin antwortete laut, daß sie keine Leber mehr hat, und zwinkerte dabei. Die Frau Zipfel jammerte und sprach, dann möchte sie bloß ein paar Knochen für den Hund. Ihr Gatte muß dann eben die Gäste wieder ausladen. Die Fleischerin antwortete, daß sie draußen ein paar Knochen hat. Als sie wiederkam, mußte die Frau Zipfel ganz schön blechen; denn die drei Pfund Knochen waren schon eingepackt und genauso teuer wie das Fleisch.

Als ich dran war, sagte ich, wir kriegen am Sonntag auch hohen Besuch, und zwar einen Arbeitskollegen von meinem Vater. Er ist Kranführer. Aber zwei Pfund Knochen für unseren gnädigen Hund Strolchi genügen. Dabei zwinkerte ich der Frau Fleischerin zu. Sie ging wieder nach draußen, und als sie wiederkam, bezahlte ich gar nicht viel. Denn es waren wirklich nur Knochen.

Sehr gern habe ich auch die Angeber mit Autos. Und es ist soweit, daß manche Autobesitzer keine Fußgänger mehr grüßen, sondern sie einfach bespritzen. Auch habe ich bemerkt, daß es Menschen gibt, die erst gegrüßt werden, wenn sie aus einem Wartburg oder einem noch besseren Auto aussteigen. Ein Beispiel: Eines Tages hieß es, ein Minister kommt zu uns. Wir mußten uns alle vor unserem neuen Kuhstall aufstellen. Auch vom Kreis waren viele da und ein Fanfarenzug und eine Weiße Maus. Als ein Trabantfahrer kam, grüßte die Weiße Maus nicht, sondern winkte mit dem Stab, daß er ein Stück weiterfahren soll. Ein Ende weg hielt der Trabant, und es stiegen aus eine Frau und drei Männer. Sie stellten sich dann hinter uns Schüler. Sie sahen sehr fröhlich aus und flüsterten sich dauernd was zu. Endlich kam wieder ein Auto, nämlich ein Tatra. Die Weiße Maus stellte sich jetzt ganz stramm und grußte das Auto. Aber es stieg nur der Kraftfahrer aus, und dieser fragte, ob vielleicht der Genosse Minister schon hier ist. Da rief hinter uns einer: „Hier bin ich." Er winkte, und alle mußten mächtig lachen, bloß die vom Kreis nicht und auch nicht die Weiße Maus. Denn es konnte ja niemand wissen, daß der Tatra eine Panne hatte und daß ein vorbeigekommener Genossenschaftsbauer fragte, ob er jemand mit seinem Trabant mitnehmen kann. Der Minister war gleich dafür, und so kam es, daß ein falsches Auto begrüßt wurde.

Juni

Im Juni, das ist keine Sage,
begehen wir zwei Feiertage.
Den „Ersten“ feiern wir mit Schwung
bei sportlicher Betätigung.
Auch kulturell kann man sich messen
beim Eierlauf und Kuchenessen.
Den Tag des Lehrers, elf Tage später,
feiern wir wäder.

Die Bedeutung der Beschenkung

Ein Sprichwort heißt, Geschenke erhalten die Freundschaft. Aber mit den Sprichwörtern muß man vorsichtig sein; denn sie stimmen meistens nicht. Nehmen wir einmal unseren Tag des Lehrers. An diesem Tage zeigte es sich, wie die Schüler, die Eltern und die Lehrer ihre Freundschaft betreiben und festigen, und es ist am besten, wenn ich das einmal historisch beschreibe. Auch kann man aus dieser Geschichte lernen.

Im vorigen Jahr entwickelte sich der Lehrertag so: Bevor das freudige Ereignis eintrat, rief mein Freund Harald als Gruppenratsvorsitzender unsere Gruppe zusammen. Er setzte sich vor uns hin, weil es sein Titel so verlangt, und sprach: „Wir kommen heute zur Beschließung über die Beschenkung unserer Lehrer."

Wie das so ist, gab es gleich ein frohes Geschrei, bestehend aus lauter Vorschlägen. Mein Freund Harald schrie ein paar vernünftige Worte in das Gequatsche, nämlich „Ruhe" und und ob wir vielleicht alle meschugge sind. Die Beschließung ging nachher sehr schnell vor sich. Sie lautete: Jeder bringt Blumen mit und ein bißchen Geld für das Buch „Der Gartenfreund". Denn unser Herr Klassenlehrer Waldemar Brettl ist ein solcher.

Aber dann zeigte sich, daß die Beschließung nicht richtig organisiert war. Alle Kinder brachten Blumen mit, sogar die Gebrüder Ralf und Benno Raschke. Es waren Heckenrosen mit Stacheln. Aber viel schlimmer war, daß viele in die Blumensträuße einen Brief gesteckt hatten. Darinnen schrieben einige Eltern süße Worte und welches Geschenk von ihnen stammt, und hoffentlich ist es richtig. Manche Schüler liefen auf den Herrn Brettl zu und gaben ihm ein Päckchen mit

einem Gruß von Mutti. Jetzt mußte der Herr Brettl auch noch zu jedem danke sagen, und das ist ekelhaft bei solchen individuellistischen Beschenkungen.
Darum schlug ich in diesem Jahr eine Lehrenziehung aus dieser Geschichte vor. Sie war exakt und lautete so:
1. Der Herr Brettl bekommt ein geschlossenes Angebinde aus Rosen, Nelken, Margaritten und Phlox. Überplanbestände müssen erst vom Gruppenrat genehmigt werden. Die Besorgung übernehmen

Rosenverantwortlicher: langer Schücht
Nelkenverantwortliche: Elvira Munk
Margarittenverantwortliche: Bärbel Patzig
Phloxverantwortliche: Sonja Zunder

Die Besorgung vollzieht sich legal, geklaut werden darf nur im eigenen Garten, nicht mehr im Lehrergarten.
2. In der Geschenkbeschließung wird festgelegt: ein Pärchen gelbe Zwergbuntbarsche und ein Pärchen Maulbrüter. Verantwortlich sind

Zierfischfreund und Aquarist Harald
Kassierungsverantwortlicher: Schweine-Sigi

3. Für die optische Ausschmückung der Klasse sind die Pioniere von der Fensterreihe verantwortlich, mit der Wally an der Spitze. Die Blumenzusammenfassung und Bindung übernimmt die Gerlinde Bunzel, die Beglückwünschung mit Text Ottokar Domma, und die Kunstbeschriftung der Klaus Biber.
4. Beschließungskontrolle: der Gruppenrat.
Nach dieser kompletten Beschließung haute diesmal alles hin. Als ich im Namen der Gruppe den Glückwunsch vorlas, zeigte der ernste Herr Brettl sogar ein fröhliches Zucken. Der Text lautete: „Lieber Herr Brettl! Wir wünschen Ihnen zum Tag des Lehrers viel Glück mit uns nebst Freude bei der Paarung mit diesen Warmwasserzierfischen. Auch versprechen wir diesmal lieber nichts, sondern zeigen unsere

Leistungen in Taten. Es grüßt Ihre dankbare Klasse 5a."
Diese Kollektivbeschenkung gefiel dem Herrn Brettl sehr, und er sagte uns gleich die lateinischen Blumennamen nebst freundlichen Worten.
Man muß aber auch andere Lehren aus dieser Geschichte ziehen; denn die Beschenkung ist eine ernste Frage. Wenn wir zum Beispiel für unsere Freunde in Vietnam Geld spenden wollen, dann sammeln wir Flaschen, Gläser, Schrott, oder wir basteln Basarverkaufsgegenstände oder Schulgartenfrüchte, welche wir verkaufen. Das ist mehr wert, als wenn die Eltern bloß in die Tasche langen und ein Geldstück herausholen. Auch wollen manche nur zeigen, wie gut sie sind. Zum Beispiel die Eltern der Klasse 3b. Ihre Spende entsteht so: Fräulein Bella Kohl läßt ein Diktat schreiben, und darin steht, daß sie bei der Solidaritätsaktion Sieger werden wollen. Die meisten Eltern wollen natürlich mitsiegen, und so kommt es, daß sich die Schüler der 3b gar nicht anzustrengen brauchen, weil ihre Eltern für sie sammeln. Und wenn unser Herr Direktor Keiler die 3b als Sieger verkündet, dann müssen wir sie auch noch beklatschen. Deshalb schlage ich vor, daß die Eltern ihre Spendung unter sich vornehmen, sagen wir in einer Elternversammlung, und die 3b nicht mit einem falschen Licht belegen.
Ein anderes Beispiel. Die Beschenkung erreicht auch Höhepunkte bei der Jugendweihe oder bei der Entlassung der 10. Klassen, indem manche Eltern mit dem Geld nur so rumschmeißen, nämlich für ein Moped oder sogar Motorrad oder für goldene Gehänge oder für eine Filmausrüstung und andere teure Sachen. Darin zeigt sich die verschwenderische Liebe oder auch Affenliebe genannt. Aber diese Bezeichnung stimmt nicht; denn die Affen im Tierpark lieben sich ganz anders, indem sie sich zum Beispiel gegenseitig die Läuse vom Bauch fressen. Auch davon sollten die Eltern lernen.
Oder ein anderes Beispiel. Den höchsten Höhepunkt bei Beschenkungen erreichen diese Eltern, welche sagen, wir

haben es ja. Als in unserer Straße der Sohn des selbständigen Wäschereibesitzers Haribert Protz sein Abitur mit einer miesen Drei bestand, wurde er mit einem Trabant beschenkt. Wenn er mit einer Zwei abgeschnitten hätte, wäre vielleicht ein Wartburg rausgesprungen, und es ist gar nicht auszudenken, was bei einer Eins rausgesprungen wäre, und sein Vater kann froh sein, daß er nicht so viel Grips hat.
Mein Vater dagegen spricht dazu: so erzeugt man Schmarotzer. Zu den Schmarotzern zählt man auch Ungeziefer wie Wanzen und Läuse, welche von anderen leben. Man muß sie bekämpfen, entweder mit Kritik oder mit Insektenpulver. Deshalb bin ich froh, daß meine Eltern und unsere Lehrer normal sind und auf Sauberkeit achten. Nur einmal sagte meine Mutter zum Vater, er soll mir keinen Floh ins Ohr setzen. Aber es ist ihm nicht gelungen, weil er keinen fand, nicht einmal bei unserem Hund Strolchi.

Warum wir lernen

Eines Tages kam in unsere Klasse ein Herr Doktor. Er hatte eine Brille und einen anderen jungen Mann mit Aktentasche bei sich. Erst dachten wir, er will unsere Zähne und Zungen angucken und lauschen, wie wir husten. Aber es war kein richtiger Doktor, sondern ein anderer. Der Herr Doktor winkte, worauf sein treuer Begleiter eine Mappe mit Zetteln aus der Tasche holte. Danach sauste er durch die Bänke und gab jedem einen Zettel. Jetzt durfte er sich setzen.

Der Herr Doktor machte ein freundliches Gesicht und sprach, daß wir ihm helfen können. Er möchte von uns gern wissen, warum wir lernen, und wir sollen die Antwort auf den Zettel schreiben. Wer will, kann seinen Namen daruntersetzen, wer nicht will, läßt es bleiben; denn es gibt keine Zensuren. Die Hauptsache ist die Wahrheit und wie wir wirklich denken. Wer fertig ist, gibt den Zettel ab. Der Herr Doktor setzte sich auch und flüsterte mit unserem Herrn Klassenlehrer.

Ich murmelte meinem Freund Harald zu, daß es besser ist, wenn wir gleich unseren Namen darunterschreiben. Denn unsere Kliere kennt jeder Lehrer, und der Schwindel kommt dann doch raus. Auch kann man bei Erwachsenen nicht genug vorsichtig sein. Danach fingen wir an zu schreiben, erst einmal grob in ein altes Heft, danach fein auf den Zettel.

Mein Aufsatz lautete:

Ich lerne, damit ich nicht sitzenbleibe wie die Gebrüder Ralf und Benno Raschke. Sie sind Zwillinge und Untugendbolde. Auch nennt sie der Herr Biolehrer seine Sargnägel, und der Herr Burschelmann sagt manchmal, einer allein kann gar nicht so dumm sein. Die Zwillingsbrüder versauen immer unseren Klassendurchschnitt. Dieser ist jetzt 2,6. Deshalb haben wir uns verpflichtet, den Ausschuß zu senken, nämlich auf 2,3, damit unser Herr Klassenlehrer auch einmal gelobt wird. Ich lerne außerdem dafür, damit ich später einen schönen Beruf bekomme. Denn unsere Republik braucht jeden, sogar die faule Mia. Wer nicht lernt, ist ein undankbarer Schüler, und er wird noch einmal an die schöne Schulzeit zurückdenken. Aber dann ist es vielleicht zu spät. Unsere Frau Seidenschnur spricht, was das Hänschen nicht lernt, das lernt ein alter Hans nimmermehr. Das muß aber nicht so sein. Denn mein Vater ist auch schon ein ziemlich alter Ottokar, und er lernt trotzdem noch. Dazu hat er sich die Losung aufgestellt: Der Mensch wird alt wie eine Kuh und lernt immer noch dazu. Darum besucht er jetzt einen Meisterlehrgang. Auch ich bin der Lernbrigadier von einer Lernbrigade. Und wenn der Pillenheini einmal keine Lust zum Lernen hat, brauch ich ihm bloß zu sagen, er kann was erleben. Gleich springt er; denn Pioniere lernen gut.

Die anderen Schüler haben nicht soviel geschrieben, auch guckten einige voneinander ab. Manche schwindelten sogar, zum Beispiel der Willi Speckmann. Er schrieb, daß er für den Sozialismus lernt. Das stimmt zwar, aber nicht bei Speckmann. Der lernt, weil er Schiß vor seinem Vater hat. Wer so oft wie der Willi vom Herrn Speckmann gegerbt wird, der kann gar nicht an den Sozialismus denken, sondern immer nur an seine Haut. Auch darf man der dicken Mia nicht alles glauben, wenn sie schreibt, sie lernt für eine glückliche Zukunft. In Wirklichkeit lernt sie manchmal nur deshalb, weil sie für jede Note bis zur Drei Geld bekommt. Dafür kauft sie sich Süßigkeiten, und wenn sie weiter so naschhaft ist, landet sie nicht in der glücklichen Zukunft, sondern im Krankenhaus wie meine Tante Cäcilie. Sie hatte ein Magengeschwür und ist deshalb operativ entfernt worden. Darum hat es keinen Zweck, wegen Torten zu lernen.

Der Schweine-Sigi schrieb, er lernt für die Vermehrung der Ferkel; denn er möchte wie sein Vater vorbildliche Säue

züchten, wogegen der lange Schücht nicht so gut für die Aufzucht geeignet ist, sondern ihn interessiert mehr die Technik. Er lernt, um später Agrotechniker wie Herr Hardtbrodt zu werden. Dieser verdient einen ziemlichen Batzen Geld und hatte erst einen Wartburg, jetzt einen Schädelbruch. Der Frau Hardtbrodt passierte nichts, weil sie gut gepolstert ist. Mein Freund Harald sah die Bedeutung des Lernens in der wissenschaftlichen und technischen Revolution und fragte mich, wie man das Wort Razionalisierung schreibt. Ich sagte, das ist zu schwer, und er soll lieber ein leichteres Wort auf den Doktorzettel schreiben. Er befolgte meinen Rat, und der Satz lautete jetzt, daß er große Taten vollbringen möchte und darum für die Tatenverarbeitung lernt.

Die Mädchen schrieben nicht so fortschrittlich, sondern lernen deshalb: die Bärbel Patzig, weil sie den Lehrern und ihren Eltern Freude machen möchte; die Wally, weil es sein muß; die Sonja Zunder, weil sie den Herrn Lehrer Kurz liebt, aber sie hat aus Feigheit was anderes geschrieben; die Tanja Schulze, weil sie als eine Lehrerstochter besonders vorbildlich sein muß; die Carmen Wurzel, weil sie Schlagersängerin werden will. Sie denkt, es reicht, wenn sie in Musik eine Eins hat. Rechnen ist dabei nicht so wichtig. Daran kann man sehen, daß die Carmen das Leben einer Schlagersängerin nicht kennt.

Wie wir fertig waren, sammelte der Herr Begleiter die Zettel alle ein, und unser Herr Klassenlehrer sagte, wir dürfen auf den Hof gehen und diszipliniert herumtollen. Der Herr Doktor und die anderen haben sich gleich auf unsere wissenschaftlichen Arbeiten gestürzt, aber es war von draußen nichts zu verstehen. Auf einmal war dauernd ein lautes Lachen zu hören, und dann wurde gerufen, daß ich einmal hineinkommen soll.

Ich dachte, jetzt gehts los, und sie haben sicher wieder Fehler gefunden. Aber sie schimpften nicht, sondern der Herr Doktor sagte, daß ich einen langen Aufsatz geschrieben habe, und es war nicht nötig. Auch sollte ich sagen, ob ich vielleicht noch was vergessen habe. Ich antwortete ja. Ein Satz sollte heißen, ich lerne gern, weil es mir Spaß macht. Der Herr Doktor rief jetzt, das ist ärgerlich, und ich soll sagen, warum ich so etwas Wichtiges weggelassen habe. Ich antwortete, weil ich nicht genau wußte, mit was für einem S das Wort Spaß geschrieben wird. So kann es kommen, daß die Wissenschaft wegen einem blöden Wort nicht erfährt, warum die meisten von uns lernen.

Juli

Ein halbes Jahr ist im Juli um,
vom Sitzen sind die Buckel krumm,
nun gibt es endlich Ferien.
Viel Züge jetzt verkehrien
von West nach Ost, von Süd nach Nord
zu einem schönen Urlaubsort,
ins Gebirge oder ans Gewässer –
je weiter, desto besser.
Die Mia sogar von einer Auslandsreise spricht.
Bloß den eigenen Kreis,
den kennt sie nicht.

Der Kampf um die Jugendherberge

Zur schönen Ferienzeit überkommt uns die Wanderlust, die Abenteuerlust und andere Lüste, und man muß sie organisieren und regeln, zum Beispiel in einer Jugendherberge. Vielleicht muß man erst einmal aufklären und fragen, was ist das?

Eine Jugendherberge ist entweder ein altes Schloß oder ein altes Gasthaus oder ein Landhaus von einem abgehauenen Kapitalisten oder ein Haus von einem dahingeblichenen Förster oder ein anderes geheimnisvolles Gebäude. Es gibt auch moderne Jugendherbergen, aber sie sind für uns abenteuerlustige Knaben nicht so interessant. Eine Jugendherberge ist für die Jugend, für die älteren Leute gibt es Hotels und Motels und Altersherbergen oder auch Feierabendheime genannt. Von den Älteren dürfen nur Jugendleiter oder Aufsichtspersonen in einer Jugendherberge übernachten. Die männlichen Leiter sind leicht an ihren kurzen Hosen, die weiblichen an langen Hosen zu erkennen. Auch unterscheiden sie sich von uns dadurch, daß sie rauchen und Bier trinken.

Jetzt kommen die Vorschriften. Man darf nicht denken, daß man einfach draufloswandert und in eine Jugendherberge hineingeht und spricht: Wir wollen hier schlafen. Wer das denkt, verfällt in mehrere Irrtümer. Denn wenn man in eine Jugendherberge will, muß man sich am besten ein Jahr vorher anmelden. Wenn wir zum Beispiel in die Jugendherberge Wassermühle möchten, dann müssen wir dorthin eine Weihnachtskarte schicken und fragen, ob es geht. Die Antwort lautet, es geht am 17. und 18. Juli. Jetzt muß man berechnen, wie weit man wandert und welche anderen Jugendherbergen wir heimsuchen. Deshalb schreibt man an die Jugendherberge „Zum Schwarzen See“ mit der Bitte, ob wir vielleicht am 19. und 20. Juli dort übernachten können. Meistens klappt es nicht, und so muß man einen anderen Wanderweg suchen, sagen wir zum „Fichtelhaus“. Wenn jetzt das „Fichtelhaus“ schreibt, es geht nicht am 19. und 20., sondern erst am 22. und 23. Juli, dann ist das schon ein Fortschritt. Man muß jetzt nur noch herauskriegen, wo wir zwischendurch schlafen, und man kann zum Beispiel an die Schule in Bachhausen schreiben. Wenn jetzt der Herr Direktor antwortet, daß es nicht geht, weil die Schule in den Ferien renoviert wird, muß man nicht gleich die Flinten ins Korn schmeißen, sondern noch einmal an die „Wassermühle“ schreiben, ob es sich am 24. und 25. Juli einrichten läßt. Manchmal klappt es, und die Antwort lautet, wir sollen mit einer Wandergruppe in Magdeburg tauschen, und das beste wird sein, wir schreiben selbst an sie. Und so geht das weiter.

Deshalb muß man sich so früh wie möglich anmelden. Für diese schwere Arbeit ist unser Herr Lehrer Kurz angestellt. Dafür darf er zwischendurch einmal zur Kur oder in ein Lehrererholungsheim. Wenn wir auf Wanderschaft fahren, nehmen wir vorsichtshalber Zelte und junge Sanitäter mit. Denn man weiß nicht, ob andere Wandergruppen auch so prognostisch denken, auch sagt unser Herr Burschelmann immer, er hat schon gesehen, wie sich Pferde vor einer Apotheke übergeben mußten, was soviel heißt: es kann alles passieren.

Jetzt noch ein paar Vorschriften. Eine Jugendherberge ist eingeteilt in Knaben- und Mädchengemächer. Auch die Erwachsenen schlafen mit getrennten Geschlechtern. Das muß so sein. Einmal waren wir in der Jugendherberge „Pilzgrund“. Wir haben gerade auf dem Hof Kartoffeln geschält, als eine neue Gruppe ankam. Sie wurde gleich eingeteilt, die Knaben nach links und die Mädchen nach rechts. Jetzt fragte ein Herr mit kurzen Hosen, ob er mit seiner Verlobten in das

kleine Zimmerchen darf. Die Frau Herbergsmutter sprach: Das kleine Zimmerchen ist für Kranke, und es ist gegen die Vorschrift. Der Herr mit der kurzen Hose antwortete, daß es doch leer ist, und wenn was passiert, dann zieht er mit seiner Verlobten gleich aus. Die Herbergsmutter entgegnete wieder, daß es gegen die Vorschrift ist, und sie kann auch nicht riechen, wer hier wirklich ein verlobtes Paar ist. Die Frau Verlobte hat sich jetzt mächtig an den Herrn geschmiert, damit alle sehen, wie sie sich lieben. Aber es hat nichts genutzt, weil es gegen die Vorschrift ist. Deshalb soll man niemals ein verliebtes Paar auf eine Jugendherberge loslassen, sondern nur verheiratete Paare. Und sie sind nicht so wild auf ein Extrazimmer, weil sie sich alle Tage genug sehen.

Es gibt noch andere Erlebnisse und Aufregungen. Zum Beispiel muß man wissen, ob alle das Herbergsessen essen und ob es der Magen mag. Einmal war unser Fräulein Bella Kohl mit uns. Es gab Kartoffelsuppe. Sie sprach, daß ihr diese nicht bekommt, und ist in ein Gasthaus gegangen. Jetzt entdeckte unser Herr Luschmil auch seinen kranken Magen und ist mitgegangen. Als sie wiederkamen, erzählten sie von einem schönen saftigen Schnitzel, und es kostete bloß 2,40 Mark. Aber unser Herr Burschelmann, welcher mit uns um die Wette gegessen hat, sagte bloß, über das Schnitzel wird er später noch einmal sprechen. Seitdem sind Fräulein Bella Kohl und der Herr Luschmil nicht mehr mitgewandert; denn man muß Rücksicht auf ihren kranken Magen nehmen.

Auch ist es Vorschrift, in der Nacht zu schlafen. Es kann aber auch passieren, daß gerade ein Musikangzambel in der Herberge übernachtet und ein Konzert gibt, zum Beispiel aus Sternchen und Kofferheulen. Manche singen dazu englisch oder chinesisch oder auch bloß sächsisch oder berlinisch oder auch nur tutäteiteibäbä oder in einer ähnlichen Babysprache. Dazu muß man trampeln und quietschen. Deshalb sagte unser Pionierleiter zu dem Herrn Angzambel-

leiter: „Lieber Jugendfreund, die Kinder wollen oben schlafen." Und der Herr Angzambelleiter antwortete: „Lieber Opa, erzähl ihnen ein Märchen, dann schlafen sie besser ein." Und das Konzert ging weiter, weil an diesem Abend die Herbergseltern gerade einmal im Kino waren.
Als unser Pilei die Antwort mitteilte, sagte mein Freund Harald zu mir, man muß was unternehmen. Ich sprach, daß wir gleich anfangen. Wir nahmen ein paar Gefäße und eine Taschenlampe und schlichen hinaus. In das eine Gefäß sammelten wir Kletten und in das andere Frösche, welche wir am Tage in einem Loch hucken sahen. Dann verteilten wir sie in die Betten der tanzenden Sänger. Danach drehten wir die Sicherungen raus und versteckten sie. Erst gab es ein großes Geschimpfe, aber die meisten gingen gleich in ihre Zimmer. Ein bißchen später hörten wir sie noch ein paarmal fürchterlich schreien und quietschen. Wir schraubten die Sicherungen wieder ein, und es hat uns niemand entdeckt.
Am nächsten Tag bekamen die lauten Musikfreunde einen Herbergsverweis und mein Freund Harald und ich den Auftrag, die Herberge nebst Betten wieder sauber zu machen. Denn es ist Vorschrift, Kletten und Frösche in der Natur zu lassen.

Wie man ein schönes Wochenende verbringt

Als es geheißen hat, daß der Sonnabend ein arbeitsfreier Tag ist, da haben sich die meisten Leute gefreut, auch wenn wir Schüler und unsere Lehrer darauf verzichten müssen. Aber wir haben deshalb kein Gesumse gemacht, sondern uns nur ein bißchen geärgert. Unsere Lehrer zeigten diesen Ärger nicht so öffentlich, weil sie ein hohes Bewußtsein besitzen.

Als es mit dem langen Wochenende losging, überlegten meine Eltern, wie sie den Sonnabend und Sonntag rumkriegen. Mein Vater dachte daran, daß er endlich mal seine Briefmarken in Ordnung bringen kann und daß man auch einmal ausgehen müßte; denn am Sonntag ist es leichter, den schweren Kopf auszuschlafen. Meine Mutter sprach dazu, daß der Vater nicht bloß nach seinen Gelüsten leben darf, sondern auch nützlich sein muß, zum Beispiel beim Saubermachen oder Einkaufen oder beim Kelleraufräumen und bei anderen schönen Erledigungen. Auch will sie mit dem Vater nicht rumschwärmen, sondern einmal in die Schule gehen, um meine Schwester und mich zu beobachten. Und am Wochenende möchte sich meine Mutter ganz der Familie schenken. Mein Vater war nach dieser Rede gar nicht mehr so erfreut.

Ich kann mich noch gut an den ersten freien Sonnabend erinnern. An diesem Tag kam ein Motorradfahrer daher. Es war ein alter Kumpel von meinem Vater, und er hat schon immer daran gedacht, wie wir uns freuen, wenn er uns überfällt. Und man kann endlich wieder einmal zwei Tage diskutieren. Die Diskussion dauerte aber bloß eine Nacht, und am Sonntag konnten die Diskutierer ihren schweren Kopf ausschlafen.

Beim nächsten freien Sonnabend wollten meine Eltern ins Theater fahren, und sie waren schon bei der Vorbereitung. Meine Mutter fragte den Vater, ob sie sich wegen seinem Schlips blamieren soll, und sie geht nicht mit solch einem Geschmacklosen. Mein Vater fluchte und suchte. Da klingelte es, und es kamen der Onkel Emil und Tante Waltraud mit dem kleinen Sohn Hinko. Sie schrien gleich an der Tür, ob sie eine gelungene Überraschung sind. Mein Vater antwortete, sie sind eine schöne Überraschung, und meine Mutter sagte, daß sie damit nicht gerechnet hat, und machte dazu ein erfreutes Gesicht. Aber in der Küche war ihr Antlitz nicht mehr so erfreulich, sondern mehr traurig, weil sie sich auf das Theater gefreut hat. Und sie ermahnte mich gleich, ich soll am Sonntag nicht wie ein Verhungerter essen; denn sie muß einteilen. Auch soll ich mich mit dem kleinen Hinko beschäftigen, wenn sich die Erwachsenen was erzählen, und es ist gut, daß meine Schwester in der Pionierrepublik ist, sonst wär gar kein Schlafplatz für den kleinen Hinko da. Als ich mich mit dem kleinen Hinko beschäftigte, fing er bald an zu plärren, und die Tante Waltraud schrie andauernd, der Hinko muß sich nicht vor mir fürchten; denn ich bin ein Kusenk. Der kleine Hinko hat aber vielleicht noch nicht gewußt, daß ein Kusenk was Gutes ist, und er plärrte weiter. Alle standen jetzt drum rum und machten Faxen, und meine Mutter sagte, der kleine Hinko ist hier fremd, und er muß erst einmal schlafen, wogegen sie mich mahnte, ein gutes Benehmen zu zeigen.
Am Sonntag war der kleine Hinko schon nicht mehr so fremd, und er biß von meiner Schwester ihrer Puppenstubenpuppe den Kopf ab. Ich sagte zum kleinen Hinko, so was macht man nicht, und es ist genauso, als wenn ich ihm den Kopf abbeiße. Der kleine Hinko lachte, und die Tante Waltraud sagte, der kleine Geist macht viel Freude. Ich weiß nicht, ob das stimmt. Wenn der kleine Geist erst einmal ein großer Geist ist, wer weiß, welche Köpfe er nachher abbeißt. Die Tante erzählte meiner Mutter, daß der kleine Hinko

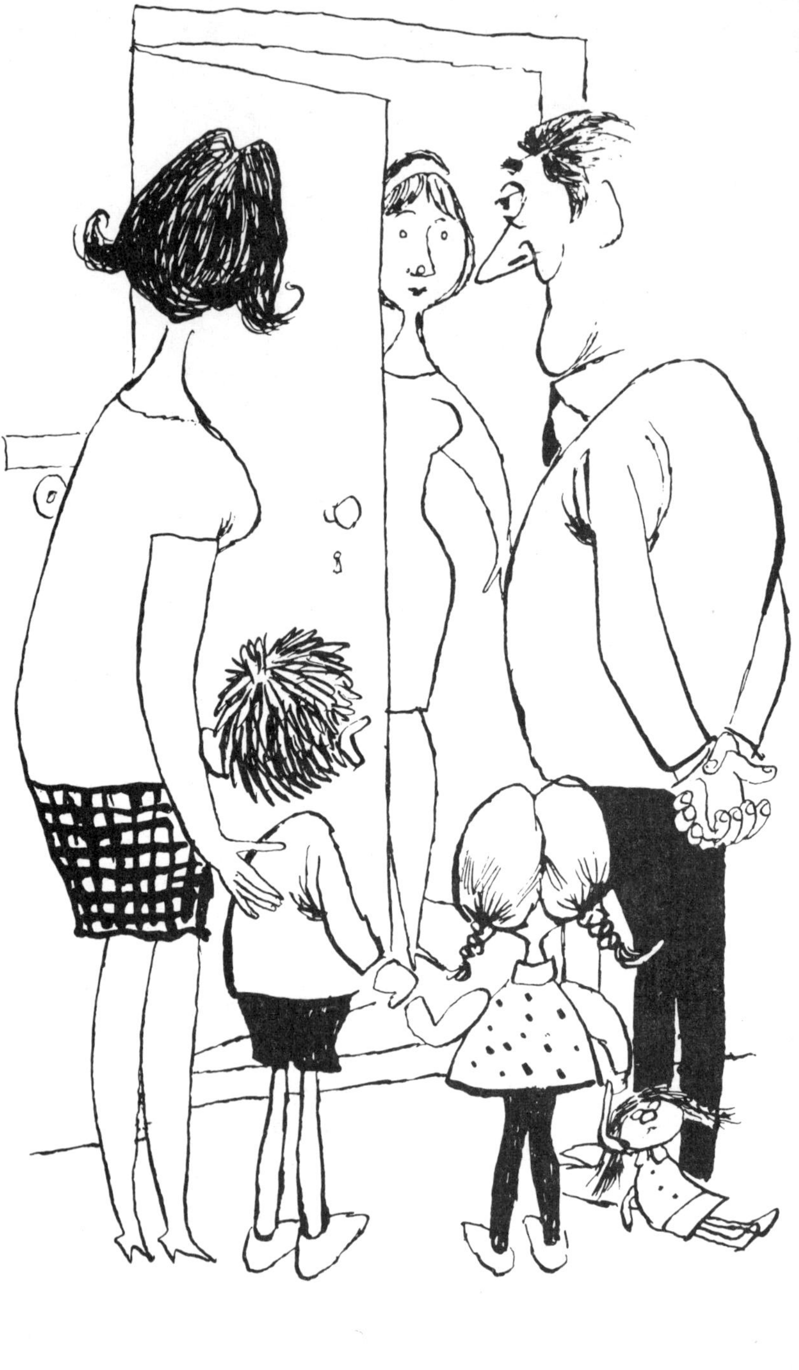

auch manchmal ein Böcklein hat, und meine Mutter sollte erzählen, was sie mit meinem Böcklein gemacht hat. Sie antwortete, daß sie es einfach nicht beachtet hat, und dann ging das Böcklein von alleine weg. Die Tante erwiderte, sie hat nicht solche Nerven wie meine Mutter, sondern gibt dem kleinen Hinko entweder ein paar hinten drauf oder Schokolade.

Als wir mit dem Essen fast fertig waren, zog der kleine Hinko am Tischtuch, und der Pudding nebst Soße fiel auf den Teppich. Die Tante Waltraud trieb jetzt das Böcklein aus, und meine Mutter sprach, es ist doch ein Kind. Auch kann man den Teppich reinigen, und wir müssen sowieso neue Teller kaufen. Der Onkel Emil sagte, mein Vater ist ein alter Aktivist, und er holt den Schaden schon wieder raus. Als die Verwandten wegfuhren, riefen sie, es war sehr schön, und weil uns immer der Weg zu weit ist, müssen eben sie wiederkommen.

Als der übernächste Sonnabend nahte, kam ein Telegramm; und meine Mutter sprach mit weinerlicher Stimme, daß wir uns den Ausflug zum Tierpark ersparen können, denn sonst nimmt es Tante Anna übel. An dem Tag, als uns die Tante Anna heimsuchte, sagte sie gleich, wir sollen keine Umstände machen, und sie bleibt bloß bis zum nächsten Wochenende. Tante Anna hat erst einmal geguckt, was es alles Neues gibt, und nachher hat sie in der Küche meiner Mutter zugeflüstert, wieviel Freundinnen mein Vater früher hatte, und sie muß es ja wissen, weil er ihr Bruder ist. Meine Mutter antwortete, daß ihr nicht heiß wird, wenn sie es nicht weiß, und es war in der Jugendzeit. Als aber meine Mutter mit dem Vater allein war, sagte sie ziemlich spitzig, daß sie von seiner Schwester ja schöne Dinge hört, und jetzt erst kommt es raus. Mein Vater antwortete, er dreht der alten Klatsche den Hals um. Meine Mutter entgegnete, er soll sich zusammenreißen und keinen Skandal machen; denn es ist ja seine Schwester.

Am Sonntag war die Tante Anna ganz schweigsam, aber sie

lebte noch, und mein Vater hat sie vielleicht bloß angetippt. Auch wollte sie gleich fahren. Sie ist aber nicht gefahren, weil sie uns nicht blamieren wollte und weil gerade die Familie Rüssel kam und fragte, wie uns ihr neuer Wartburg gefällt, es ist eine Luxuslimusine. Meine Eltern sagten zur Frau Rüssel, sie ist sehr schön, wogegen ich erwiderte, daß sie zu breite Ritzen hat, wo sich der Dreck leicht festsetzt. Meine Mutter zog aber schnell die Frau Rüssel ins Haus und sprach, es gibt gleich Kaffee, wogegen der Herr Rüssel meinem Vater das Auto erklärte und ihn fragte, ob er sich auch eins kauft. Mein Vater antwortete, daß er sich nichts daraus macht, und wir fahren lieber mit dem Fahrrad. Jetzt dachte die Tante Anna, sie muß meinem Vater beistehen, indem sie ausrief: Wenn der Vater nicht so viel Geld für Bücher und Briefmarken rausschmeißen tät, hätte er auch schon ein Auto und könnte jedes Wochenende die Tante Anna abholen. Darauf sprach mein Vater, daß ihm das noch fehlt.
Als die Rüsselfamilie wegfuhr, mußte der Herr Rüssel erst Luft aufpumpen, und er wunderte sich, wie das kommt. Ich sagte, vielleicht war die Last zu schwer. Die Frau Rüssel bekam einen roten Kopf und schmiß ihrem Gatten einen Blick zu. Auch winkte sie nachher nicht, sondern schaute hoheitsvoll geradeaus.
Die Besuche wären immer so weitergegangen, wenn mein Vater nicht ein Fernstudium aufgenommen hätte. Meine Mutter schrieb an alle Verwandten, wie schwer es für ihn am Wochenende ist, und er wird gleich wild, wenn einer nur ein bißchen laut murmelt. Seit dieser Zeit haben wir weniger Besuch; denn es möchte niemand gern längere Zeit bei einem Wilden hausen.

August

Im August mein Vater spricht:
„Deine Faulheit gefällt mir nicht."
Und ich soll nicht soviel gammeln,
sondern lieber Pilze sammeln
oder Mutter unterstützen
oder sonstwo etwas nützen.
Manchmal hab ich dann
Heimweh nach der Schule und dem knurrigen
Herrn Burschelmann.

Unsere Seereise

In diesem Sommer bekamen meine Eltern einen Ferienscheck für die Ostsee. Als mein Vater mit dem wertvollen Papierchen nach Hause kam, mußten es erst einmal alle ansehen und anfassen, ob es auch echt ist, und man sollte nicht glauben, wie so ein Papierchen zur Unterhaltung beiträgt. Mein Vater sah sich schon aalen und braten und roch schon die Luft und hörte die Wellen brausen, auch wußte er, daß Seewasser salzig ist. Meine Mutter sprach dazu ja und schön, und sie weiß noch nicht, was sie anziehen soll, und sie fragte den Vater, ob sie sich noch in einem Badeanzug sehen lassen kann. Mein Vater beklopfte sie ein bißchen und erwiderte, sie kann noch, und er hat schon ganz andere Maschinen gesehen. Die Oma sagte zu meiner Mutter, sie ist eine schöne Figur und hat wenigstens was dran, und sie kann sich alle Tage und überall mit dem Badeanzug zeigen. Aber das beste ist, wenn sie auch einen Pullover mitnimmt, das ist gut gegen Winde. Meine Schwester lag schon schnarchend im Bett, deshalb fragte ich für sie mit, ob es Muscheln gibt und ob wir eine Seefahrt machen und daß ich einen Schnorchel brauche. Die Eltern sagten zu allem ja und schauten mich gütig an, aber nicht zu lange; denn dann hieß es gleich, das kommt darauf an, wie ich mich verhalte. Und sie zählten auf, was dazu gehört.

Ich dachte bei mir, so ist es in der Welt. Die Erwachsenen dürfen froh von der Zukunft spinnen, und ihre Kinder müssen immer daran denken, wie sie sitzen, gehen, essen, höflich und bis dahin fleißig sein müssen, und wenn ich mich nicht zusammenreiße, ist Sense.

Aber es war nicht Sense, und wir fuhren doch mit. Nach ein

paar Stunden kamen wir an, der Ort hieß Seebad Binz. Als wir aus dem Zug ausgestiegen waren, schnupperte mein Vater und rief, es riecht nach See. Meine Mutter roch es auch gleich. Aber es war gar nicht die See, sondern es stank nach dem Qualm der kleinen Lokomotive. Ich gab zu, daß es riecht, weil man den Eltern nicht gleich die Freude verderben will. Auch nahm ich meiner ächzenden Schwester den Rucksack ab; denn sie ist ja noch ein Kind erster Klasse.

Wie wir durch den Ort gingen, begegneten uns viele leicht angezogene Menschen. Meine Eltern sagten sich immer gegenseitig, wie braun die meisten schon sind, und bei den leichten Mädchen mußte mein Vater manchmal hinterhergucken, ob es auch stimmt. Wir sind nicht gleich zum Ferienheim gegangen, sondern geradeaus zu einer Mauer. Dort blieben wir stehen, und meine Mutter rief: das Meer! Mein Vater schaute auch begeistert, er holte mächtig Luft und sprach: Herrlich! Danach mußten wir Kinder uns erklären lassen, daß die Gegenstände ganz weit hinten Schiffe sind. Ich sagte, daß ich es glaube, und ich kann es schon nicht mehr erwarten, auch einmal auf das Meer hinauszuschiffen.

Wir gingen dann einen schönen Weg am Meer entlang. Der Vater lehrte uns, daß dieser Weg nur für Fußgänger bestimmt ist und deshalb Promenade heißt. Nachdem wir vielleicht zweihundert Meter promeniert sind, wichen wir ab und betraten ein schönes weißes Haus, nämlich das Ferienheim. Es dauerte bloß eine halbe Stunde, bis wir in ein Zimmer durften. Die Heimleiterin war eine freundliche Frau und strich uns Kindern gleich übern Kopf. Das ist ein gutes Zeichen für Kinderliebhaberei. Im Zimmer gefiel mir am besten das Doppelstockbett, besonders das obere. Und meine Schwester mußte einsehen, daß ich der Stärkere bin. Aber meine Eltern sahen das nicht ein und setzten mich zur Strafe wieder runter. Mein Vater sagte, wir müssen uns beeilen, es gibt noch Essen. Vater und ich waren die schnellsten beim Umziehen, wogegen meine Mutter erst allerlei probierte und fragte, ob es richtig ist. Wir sagten immer ja, aber sie glaubte es nicht. Endlich hatte sie das Richtige gefunden, und mit diesem Aufzug kam sie mit in den Speisesaal.

Im Speisesaal wurden wir gezählt und durften an einem Tisch mit sechs Personen teilnehmen, und wir sollen uns die Nummer merken. Am Tisch saßen schon ein Herr mit Bart und eine mittelalterliche Frau. Sie nickten wie Könige im Märchenfilm und sagten bitte. Als ich mich setzte, wischte meine Mutter schnell mit einem duftenden Taschentuch an meinem Ohr rum und flüsterte, man muß sich schämen. Aber mein Vater schämte sich nicht, sondern las die Speisen. Als dieselben kamen, war mir schon wohler. Das Fleisch war nicht schlecht. Mich ärgerte bloß die Frau an unserem Tisch, welche andauernd auf meinen Mund sah, und ich kann Kiebitze für mein Leben nicht leiden. Als ich eine Schwarte rauszog und wieder auf den Teller legte, guckte die Frau nicht mehr zu mir, sondern zu meiner Mutter. Die Frau aß nachher noch ein Stück Torte, und ich nahm mir vor, ihr auch in den Mund zu schauen, und zwar intensiver. Es gelang. Sie gab es mit mir auf und saß zum Abendbrot mit ihrem Gatten schon an einem anderen Tisch.

Am nächsten Tag fragte mich mein Vater, ob ich mitkomme, einen Strandkorb zu besorgen. Wir fragten drei Vermieter, aber sie meinten, es ist nichts frei. Dann sahen wir noch einen mit einer Kapitänsmütze und einer Pfeife. Mein Vater holte schnell aus dem Geschäft ein Päckchen teuren Tabak und ging dann zum Herrn Kapitän. Sie redeten erst ein bißchen über das Wetter, und mein Vater wollte wissen, ob der Herr Kapitän aus Binz ist. Er sagte ja, und zwar seit der Geburt. Mein Vater lobte jetzt den Ort Binz wegen seiner Schönheit und weil die Binzer so freundlich sind. Deshalb zieht es uns jedes Jahr hierher. Der Herr Binzer freute sich über das Lob und klopfte seine Pfeife aus. Als er sie wieder stopfen wollte, hielt mein Vater sein Päckchen hin, und er schenkte es ihm sogar und sagte auf Wiedersehn.

Als wir eine Stunde später wieder vorbeikamen, fragte mein Vater, ob der Tabak schmeckt. Der Kapitän nickte, und

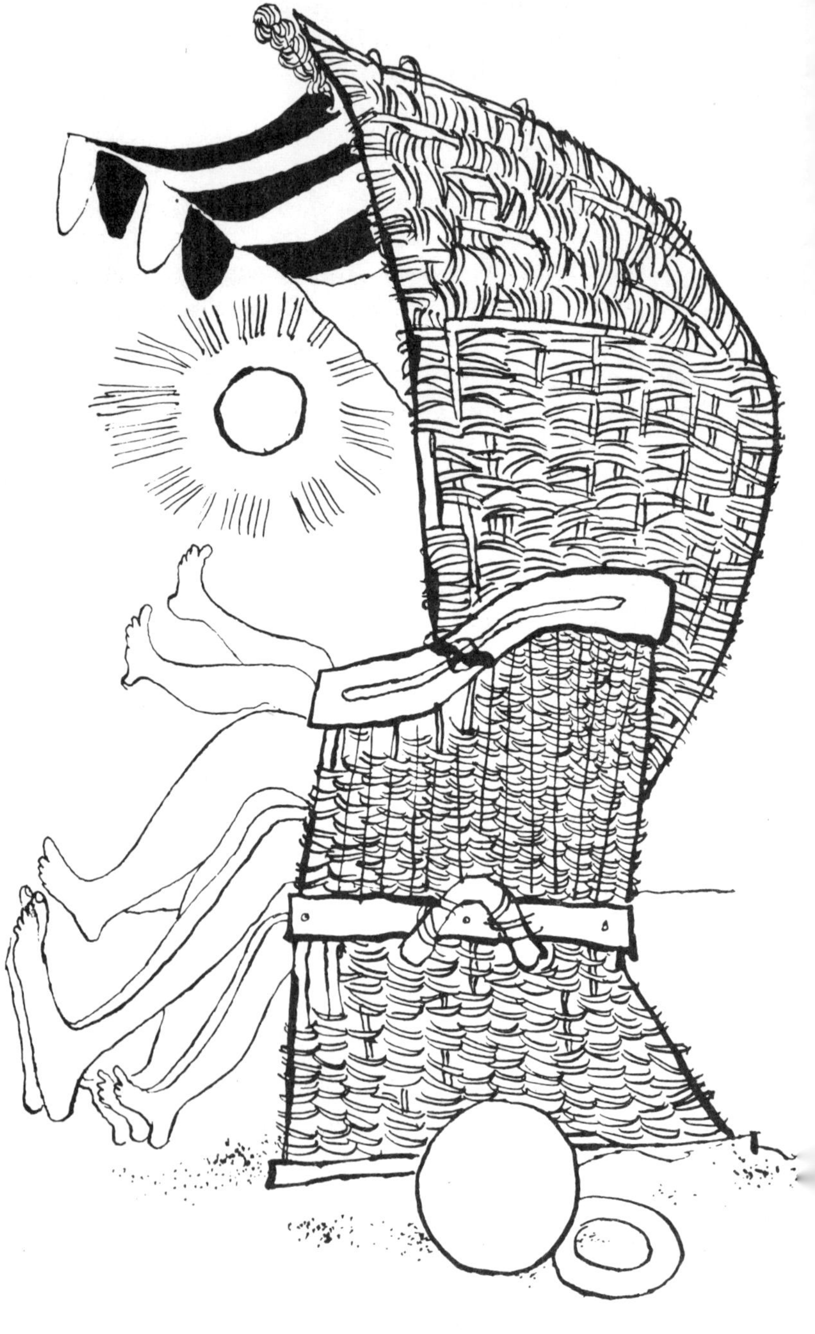

mein Vater meinte, daß er jetzt ins Bett geht und sich hinlegt, weil die Beine müde sind. Der Herr Kapitän schlug vor, an den Strand zu gehen wegen der schönen Luft. Mein Vater entgegnete, das stimmt, aber die Sonne ist ihm zu heiß auf dem Kopf. Der Herr Kapitän fragte, ob er keinen Strandkorb hat, und mein Vater antwortete nein, und er sieht ein, daß nicht jeder einen haben kann. Der Herr Kapitän wollte jetzt wissen, warum mein Vater nichts gesagt hat, und es läßt sich schon was machen, aber erst morgen. Meine Mutter war sehr böse, weil wir uns so lange rumgetrieben haben. Als sie hörte warum, war sie wieder gut.
Wir lagen danach die ganzen Tage entweder am Strand oder spielten Ball oder badeten oder gingen spazieren, meistens zu einem steilen Berg am Meer. Mein Vater schaute oft durch sein Kampfgruppenfernglas und rief, daß er die Schiffe gut erkennen kann. Aber wo er hinschaute, waren meistens keine Schiffe, sondern nackichte Menschen. Man nennt solche Stellen auch FKK, das kann heißen „für kleine Kinder" oder „für komische Kauze", und es hat mir noch niemand erklärt.
Wenn das Wetter schlecht war, blieben wir im Heim und lasen und spielten oder mußten Ansichtskarten unterschreiben. Für die Ansichtskartenverschickung ist meine Mutter verantwortlich. Man schreibt dort meistens etwas über das Wetter, das Essen und die Umgebungen auf, und wenn wir so eine Karte zu Hause erhalten, machen wir uns nichts daraus. Als meine Mutter an die Tante Anna schrieb, fragte mein Vater: wozu? Meine Mutter antwortete, weil sie an alle denkt, und mein Vater soll nicht vergessen, daß die Tante Anna seine Schwester ist. Mein Vater antwortete, daß man so ein Rabastel niemals vergessen kann, und er unterschreibt die Karte nur, damit sie wieder neidisch wird. Deshalb unterschrieb ich auch. Meine Mutter antwortete, es ist keine richtige Erziehung, wenn man vor den Kindern Rabastel sagt, und wir sollen immer daran denken, daß es unsere Tante ist. Und so kam es zu einem Streit, und meine Mutter

weinte sogar ein bißchen. Sie tat mir sehr leid, und ich streichelte ihre Hand und sagte, man muß sich wegen der Tante Rabastel doch nicht gleich den Urlaub versauen. Da lachte meine Mutter wieder.
Die Zeit ist viel zu schnell um gewesen, und man lernte am Strand sehr viel, zum Beispiel Sprachen, am meisten Sächsisch und manchmal auch Hochdeutsch. In den ersten Tagen kennen sich die Menschen noch nicht, aber am letzten Tag sagen sie schon ihre Adressen, und sie wollen schreiben und sich einmal besuchen. Aber das sagen sie bloß aus Freundlichkeit. Bevor man die Ostsee verläßt, muß man noch Geschenke einkaufen, und zwar für die Kollegen, die Oma und die anderen Hinterbliebenen. Es gibt sehr schöne Geschenke mit allerlei Wappen, Möwen, Anker und Aufschriften. Ich kaufte für meinen Freund Harald ein grüßendes Fischbrettchen und eine Sparbüchse für meine Oma. Diese sieht aus wie ein Kutter mit Perlmuttsegeln und einem Schlitz, wo man Geld reinschmeißt. Ahoi!

Wie mich ein Schuft verführte

Es war in den letzten Ferientagen, als der lange Schücht zu uns sprach: Wer noch nicht raucht, ist kein Mann und ein Feigling, und wir sollen uns bloß nicht die Hosen voll machen, sagte er. Nach dieser Aufklärung gingen wir in den Park und suchten uns eine Stelle aus, von wo wir zeigen konnten, daß wir schon Männer sind. Der lange Schücht holte eine Schachtel aus der Hosentasche und sprach, er kann den ersten Lungenzug schon gar nicht erwarten. Er gab jedem von uns eine Zigarette, und als erster steckte sich der lange Schücht eine an. Er ließ den Rauch aus seinen Nasenlöchern dampfen und meinte, das kann er besser als sein Bruder, welcher schon eine Braut hat, und er braucht jeden Tag diese Schachtel, sonst fehlt ihm was.

Mein Freund Harald hat sich auch gleich eine angesteckt, und er sagte, daß sein Vater ein Kettenraucher ist. Das vererbt sich. Auch der Schweine-Sigi ließ sich Feuer geben und erwiderte, daß er noch keinen gesehen hat, welcher Ketten raucht, und er kann sich gar nicht denken, daß eine Kuhkette brennt. Jetzt war ich dran und hatte ein bißchen Schiß. Der lange Schücht sagte, er hätte nicht gedacht, was ich für ein Feigling bin, und ich soll doch lieber zu den Mädchen gehen und mit den Puppen spielen. Darüber ärgerte ich mich und erwiderte, daß mir eine Zigarette viel zu leicht ist, weil ich sonst nur Zigarren rauche, entweder die Jagdkammer oder die schwarze Havanna aus Kuba, und der Zigarrenhändler Jeschke kennt schon meinen Geschmack.

Wie ich dann an der Zigarette gezogen habe, mußte ich gleich mächtig husten, und es schmeckte mir überhaupt nicht. Der lange Schücht schnitt ein verächtliches Gesicht und meinte, er sieht gleich, daß ich ein Anfänger bin, und mir fehlt noch allerhand zu einem Mann. Und er erklärte uns, wie man einen richtigen Lungenzug macht, wozu man den Qualm ganz tief einatmen muß. Auch zeigte er es ein paarmal. Auf einmal ist sein Gesicht ganz weiß geworden. Ich sprach, man muß sich wundern, wie der lange Schücht schon durch die Lunge raucht, und es macht ihm so schnell keiner nach, nicht einmal der Herr Burschelmann. Wer das kann, braucht eigentlich gar nicht mehr zur Schule zu gehen, sondern in die Gastwirtschaft oder in eine Bar. Der Lange Schücht war jetzt mächtig stolz und machte noch einen schweren Zug mit dem weißen Gesicht.

Auf einmal sprach der lange Schücht, er hat ganz vergessen, daß er noch Kaninchenfutter holen muß. Auch schenkte er uns seine Zigaretten, weil er zu Hause noch mehr hat, und er lief schnell fort. Er ist aber nicht weit gekommen, und er mußte sich an einem Baum festhalten. Dort kotzte er. Wir haben jetzt auch keine Lust mehr gehabt, Männer zu sein, und schmissen unsere Zigaretten nebst Schachtel in den Bach. Ich rief zum langen Schücht, daß wir morgen ein paar Zigarren rauchen wollen, aber er winkte bloß noch ganz schwach.

Als mich meine Mutter sah, fragte sie, ob ich krank werde, und ich seh so blaß aus. Ich antwortete, es ist vielleicht von den Pilzen, und es wird ein giftiger dabeigewesen sein. Meine Mutter entgegnete, sie kann es gar nicht glauben. Sie hatte alle genau angesehen, und es waren doch nur Birkenpilze, Steinpilze und Butterpilze. Ich soll mich aber trotzdem schnell ein bißchen hinlegen.

Ich begab mich gleich in mein Kabuffchen, und es war höchste Zeit, weil es auf einmal vor meinen Augen ganz neblig geworden ist, auch die Beine wurden schwach. Doch es ging schnell wieder vorbei, bloß ein bißchen schwindlig war mir noch. Auch bekam ich jetzt eine mächtige Wut auf den langen Schücht, und ich werde ihm morgen eins auswischen. Aber ich konnte nicht mehr darüber nachdenken, wie ich ihn

bestrafen werde, weil meine Mutter mit einem großen Glas Milch hereinkam. Sie sprach, ich soll sie nur gleich austrinken, und sie hat noch mehr davon; denn Milch ist die beste Medizin gegen vergiftete Pilze. Und sie kann sich gar nicht denken, wie alles gekommen ist. Dann legte mir die Mutter ihre rechte Hand auf meinen Kopf und befahl, ich soll ihr einmal meine Zunge zeigen. Meine Mutter schaute hinein. Auf einmal schnupperte sie und rief, ich habe geraucht. Sie riecht es, und sie hätte sich gleich denken können, daß mit mir was nicht stimmt, und die Pilze waren gut. Auch wird es noch was setzen, wenn der Vater nach Hause kommt. Ich entgegnete, es war bloß eine halbe, aber meine Mutter meinte, sie riecht es, und eine halbe Schachtel ist viel zuviel und überhaupt schädlich.

Als abends der Vater nach Hause kam, hatte ihm die Mutter schon alles zugesteckt, und sie schüttelten ihre Köpfe. Auch waren sie sich wieder einmal einig, indem sie mir einen Vortrag hielten.

Meine Mutter schilderte, wie ich ein ganzes Leben lang klein bleiben muß, wenn ich rauche, weil dann meine Lunge, die Leber und die anderen wichtigen Organe nicht wachsen. Und ich muß sterben. Mein Vater hat die Krankheiten noch viel deutlicher gesehen und beschrieben, wie sie langsam meine Lunge zerfressen und wie ich sie nach und nach in kleinen Stückchen ausspucke. Meine Mutter erinnerte sich jetzt an einen Mann mit Krebs und wie es mit ihm zu Ende ging. Mein Vater wußte jetzt auch, was man mit dem Mann alles angestellt hat. Und die Ärzte haben immer an ihm rumgeschnippelt, bis nichts mehr übrig war, und es war zu spät. Und so ging es weiter mit den schrecklichen Krankheiten. Es war aber gar nicht notwendig, auf mich so reinzureden, weil ich schon von der einen Zigarette genug hatte. Und den langen Schücht werde ich aufs Kreuz legen oder in den Hungergriff nehmen, bis er bitte, bitte sagt. Mein Vater hat sich immer mehr in Wut geredet und zeigte auch einmal seine schwielige Hand. Aber meine Mutter sprach auf ihn ein, er soll sich beherrschen, und ich bin schon genug bestraft, weil mir so schlecht war.

Zuletzt konnte sich mein Vater aber doch nicht mehr beherrschen und rief, er muß erst zur Beruhigung eine Zigarette rauchen. Und es geschah. Jetzt tat mir mein Vater leid, weil es mit ihm auch bald zu Ende gehen wird. An allem hat bloß der lange Schücht schuld, und wenn jetzt meinem Vater was passiert, dann muß er unsere ganze Familie ernähren, der elende Schuft und Verführer.

September

Der September beschert uns viele Früchte
und unsere Frau Stichlein manche Gerüchte:
Fräulein Heidenröslein soll ein Kind bekommen,
Herr Keiler hat zehn Pfund zugenommen,
Frau Pitthuhn trägt ein Korsett,
Herr Brettl geht schon mit Socken ins Bett,
Fräulein Kohl hat auch gesündigt...
Aber niemand stopft der Sekretärin den Mund,
aus Angst, daß sie kündigt.

Wenn die Kleinen zur Schule kommen

Beim Schulanfang passieren in unserer Schule immer verschiede Überraschungen, zum Beispiel für die ganz Kleinen, welche zum erstenmal die Füßchen auf die Schwelle der Schule setzen. Sie sind aus Stein und schon ziemlich abgelatscht, und es trampelte schon der alte Herr Josef auf ihnen herum. Er durfte aber nur sechs Jahre zur Schule gehen, wogegen wir zehn Jahre lang lernen dürfen. Das nennt man auch eine Errungenschaft.

Jetzt will ich schildern, wie die Einschulung vor sich geht, und das ist ein bißchen anders als bei der Eingärtnerung im Kindergarten. Nämlich feierlicher. Vor der Einschulung werden die kleinen Kinder erst von einem Doktor untersucht und ausgefragt. Das geht so vor sich. Der Vater und die Mutter müssen sagen, welche Krankheiten das Kind hinter und vor sich hat. Dann schaut der Herr Doktor oder die Frau Doktorin die Zähne an und horcht, wie man hustet, und kneift in alle Backen. Auch muß man sich wiegen und messen lassen, und wenn das hinhaut, beginnt die erste Prüfung. Das Kind muß sagen, wie es heißt und auf einige schwierige Fragen antworten, zum Beispiel, welche Farben es sieht, welche Gegenstände an einer Wandkarte gemalt sind, und dazu drückt man das linke oder rechte oder auch beide Augen zu. Dann wird man gefragt, ob man schon zählen kann. Wer bis zehn richtig zählt, ist schulreif, wer nicht, kann Pech haben, je nachdem, wie streng der Doktor ist.

Bei meiner Schwester war eine sehr strenge Frau Doktorin anwesend, welche verlangte, daß meine Schwester einen sehr schweren Satz nachspricht. Er lautete: „Zwischen zwei Zwetschgenzweigen zwitschern zwei Schwalben." Meine

Schwester verquatschte sich ein bißchen, und da sagte die Frau Doktorin, die Auffassung ist schwer, und sie zischt zuviel oder so ähnlich. Weil ich dabei war und von meiner Schwester die Sachen gehalten habe, sagte ich zu der Frau Doktorin, ob sie mir auch einen schweren Satz nachsprechen kann. Sie war neugierig und sagte ja. Er lautete: „Mariechen rieb rasch rohe rote Rüben auf dem Reibeisen rauf und runter, und als sie fertig war, fragte ein anderes Mariechen: Darf ich ma riechen, Mariechen? Da ließ Mariechen Mariechen ma riechen." Die Frau Doktorin hielt sich die Ohren zu und sagte lachend zu meiner Schwester, sie ist reif.

Jetzt kommt der Einschulungsvorgang. Wenn es soweit ist, wetzt immer unser Herr Direktor Keiler zwischen den Lehrerinnen von den 1. Klassen hin und her und fragt, ob sie an alles gedacht haben, zum Beispiel an die Gedichte und Lieder, auch an den Kuchen und an den Durchmarsch. Der Durchmarsch beginnt so: Die kleinen Ärschlein marschieren mit ihren Muttis durch unser Spalier. Es besteht aus winkenden und lachenden oder auch Grimassen ziehenden Pionieren. Die Kleinen sind aber meistens noch ein bißchen ängstlich und schauen sich deshalb zu ihren Muttis um. Diese blicken gütig auf die Kleinen und müssen dauernd an ihren Kleidern zupfen. Nach dem Durchmarsch stellen wir uns zum Appell auf. Zuerst ertönt eine zarte Musik. Sie kommt aus den mehrstimmigen Fanfarenbläsern. Danach haut der lange Schücht auf sein Fell, und es entsteht ein Trommelwirbel. Dabei wird die Fahne gehißt. Wir großen Schüler stehen jetzt still und blicken zur Fahne, wogegen die neuen Muttis dauernd auf ihre Kleinen schauen müssen, ob sic ihre Zuckertüte noch halten können. Deshalb sollte man solche Tüten zum Appell gar nicht erst zulassen.

Danach kommt meistens ein Pionier mit dem Gedicht dran. Ist der Appell in der Turnhalle, dann geht es, und es hören alle hin. Wenn aber draußen Autos und Traktoren vorbeifahren oder wenn es windig ist, dann versteht man auf dem Appellplatz kein Wort. Aber die Muttis und Schüler klat-

schen trotzdem für die Gedichtkunst, auch wenn sie nichts gehört haben; denn das Klatschen steckt an. Danach singen die 2. Klassen Lieder, damit die Kleinen gleich wissen, was sie in der 1. Klasse gelernt haben.
Das wichtigste bei der Umrahmung ist die Rede von unserem Herrn Direktor Keiler. Als ich zur Einschulung kam, mußte er seine Rede noch ablesen. Aber jetzt hat er sie schon fast auswendig gelernt. Auch hat die Rede zwei Teile. Der erste Teil heißt: Meine lieben Kinder. Der zweite Teil lautet: Liebe Eltern! Wenn an diesem Tag ein Vorgesetzter oder der Elternbeirat dabei ist, dann bekommen sie auch ein Teil ab. Zu den Kleinen spricht der Herr Direktor lustiger als zu uns größeren Schülern. Aber darüber müssen nur die Eltern und die Lehrer lachen, wogegen die Kleinen sich noch nicht so trauen. Das kommt vielleicht daher, weil manche Eltern vorher immer sagen: Warte erst, wenn du zur Schule kommst, dann hast du nichts mehr zu lachen. Das ist glatt gelogen, und die Eltern werden schon noch einsehen, daß es auch in der Schule über allerhand zu lachen gibt.
Zu den Eltern spricht der Herr Direktor meistens ernst, und sie müssen den Lehrern vertrauen. Wenn nicht, dann kommen die Lehrer zu einem Hausbesuch, oder die Eltern sollen zur Schule kommen. Die Tür ist immer offen. Aber das stimmt leider nicht. Denn unser Herr Hausmeister Schröther schließt oft schon nachmittags ab, und wenn wir noch was machen wollen, dann heißt es meistens, es ist kein Lehrer dabei, und wir sollen verduften.
Wenn der Herr Bürgermeister bei der Einschulung dabei ist, bekommt er von unserem Herrn Direktor Keiler eine Danksagung für die Reparaturen. Der Herr Bürgermeister sagt dann hinterher zu seinem Sekretär, es war eine sehr schöne Feier, und er soll einen Artikel darüber schreiben. Der Elternbeirat bekommt neben der Danksagung auch Blumen, damit er wieder so freudig mitmacht. Die Lehrerinnen bekommen vom Herrn Direktor keine Blumen, sondern ein festes Gehalt. Aber manchmal bringen einige Eltern Blumen

mit, und zwar für die Lehrerinnen, und der Herr Direktor hat das Nachsehen. Aber er zeigt seinen Ärger nicht.

Nach den Reden gehen die neuen Kinder in ihre Klassen. Als ich das erste Mal zur Schule ging, kamen die Eltern auch mit hinein. Wenn die Lehrerinnen gefragt haben, ob die Kinder vielleicht schon was können, dann haben manche Eltern ihre Kinder angeschubst und vorgeschoben, und sie flüsterten, sie sollen ein Gedicht aufsagen oder ein Lied singen. Diese Eltern wollten mit ihren Kindern bloß angeben und haben den Unterricht gestört. Deshalb dürfen jetzt die Eltern zur Strafe nicht mehr in die erste Unterrichtsstunde.
Nach dem Unterricht bekommen die Kinder ihre Schultüten wieder. Diese sind wichtig zum Fotografieren. Sie sind verschieden groß, und sie sollen zeigen, wie gut und reich manche Eltern sind. Auch gibt es jetzt Kakao und Kuchen, und die großen Mädchen schenken ein, während die Eltern jetzt meistens mit den Lehrerinnen sprechen müssen. Zum Beispiel sagen manche, wie ihr Kind behandelt werden muß und wie zart es ist, und man muß es schonen. Oder manche sagen, daß sie als Eltern auch studiert haben, und darum ist das Kind so intelligent. Oder manche erklären, ihr Kind muß öfter austreten, und die Lehrerin soll es zulassen und nachprüfen, ob es nicht zu spät ist. Die Lehrerinnen sagen ja oder nein, und die Eltern können ruhig arbeiten und schlafen. Auch suchen sie gleich die besten Eltern aus und fragen, ob sie im Elternaktiv mitmachen. Die meisten sagen ja.
Damit die Kleinen aber nicht denken, daß es in der Schule immer nur Süßigkeiten gibt, muß ich in diesem Jahr als Freundschaftsratsmitglied eine Rede halten. Ich habe sie schon aufgeschrieben, und sie lautet so: „Liebe Kinder! Jetzt seid ihr noch Kinder, aber bald seid ihr Pioniere. Das ist mehr. Wir haben in ein paar Wochen unseren Pioniergeburtstag. Bis dahin müßt ihr schon was gelernt haben. Wenn nicht, dann bringen wir es euch bei. Bei uns wird nicht rumgetobt und gestänkert, auch werden keine Tische und Wände beschmiert. Wer so was macht, dem bringen wir die

Ordnung bei. Und wir beschützen euch. Wenn euch jemand was antut, dann kommt ihr zum Freundschaftsrat oder gleich zu mir, und der Übeltäter kann was erleben. Auch müßt ihr gleich gut lernen, und die Eltern werden euch helfen, und wenn sie die Mathematikaufgaben nicht können, dann helfen wir. Pioniere sind immer hilfsbereit. Deshalb macht eure Augen und Ohren auf und euren Eltern keinen Ärger und einen guten Eindruck. Seid bereit!"

Es ist möglich, daß unser Herr Pionierleiter sagt, so geht die Rede nicht, und sie muß zarter sein. Aber ich glaube nicht, daß es so kommt. Denn meinem Freund Harald hab ich diese Rede schon vorgelesen, und er sagte, daß der Alfons sie schon kapieren wird.

Vom Wachstum einer Lehrerpersönlichkeit

Wenn die Schule anfängt, halten auch die neuen Lehrer Einzug. Meistens sieht den jungen Lehrern noch niemand an, daß sie schon Lehrer sind. Aber ein paar Jahre später merkt man es gleich von weitem. Darum nennt man sie in der Zeitung auch Lehrerpersönlichkeit. Es gibt davon drei Arten: die junge, mittelalterliche und die altertümliche Lehrerpersönlichkeit.

Die junge Lehrerpersönlichkeit

Sie tritt am ersten Schultag ihren schweren Gang in unsere Klasse niemals allein an, sondern in Begleitung von unserem Herrn Direktor Keiler. Er stellt sich dann neben die junge Lehrerpersönlichkeit und nennt ihren Namen. Danach verlangt der Herr Direktor von uns, daß wir keine Schande machen sollen. Nach dieser Rede verabschiedet er sich und geht zur Tür. Dabei schmeißt er noch einen Blick auf die Klasse und zu mir einen besonderen. Jetzt zeigt sich das erste Merkmal der jungen Lehrerpersönlichkeit, indem sie schneller rennt als der Herr Direktor und ihm die Tür öffnet.

Danach ist die junge Lehrerpersönlichkeit mit uns allein. Sie versucht, ihr Gesicht in ein strenges zu verwandeln. Weil aber wir Knaben auf strenge Gesichter nicht mehr so schnell reinfallen, probiert die junge Lehrerpersönlichkeit zwischendurch auch ein freundliches und lachendes Gesicht und danach gleich wieder ein strenges. So kann man als ein alter Schüler feststellen, daß die Gesichtsanstrengung das zweite Merkmal der jungen Lehrerpersönlichkeit ist.

Das dritte Merkmal besteht darin, ob die junge Lehrerpersönlichkeit einige Schülerproben besteht. Das geht so vor

sich: Wenn die junge Lehrerpersönlichkeit zu uns eine Ansprache hält und darum bittet, daß wir gut mit ihr auskommen, beginnt der Schweine-Sigi mit der ersten Schülerprobe. Er muß weiter nichts machen als die Backen aufblasen und die Augen verdrehen. Wenn die junge Lehrerpersönlichkeit sich nichts anmerken läßt, hat sie die Probe bestanden. Jetzt kommt die Probe zweiten Grades, indem sich die junge Lehrerpersönlichkeit ansehen muß, wie der lange Schücht in der Nase popelt. Das ist sein Lieblingsspiel. Wenn sich die junge Lehrerpersönlichkeit nicht ekelt, sondern ruhig fragt, ob er ein Tachentuch kennt, hat sie auch bestanden. Wenn sie aber wie unser Herr Burschelmann nicht viel redet und dem langen Schücht einfach einen Feuerhaken gibt, dann hat sie die Popelprüfung mit sehr gut bestanden. Auch ist das ein Zeichen von guten Nerven, und es besteht die Aussicht, daß die junge Lehrerpersönlichkeit ohne Schwierigkeiten ins Mittelalter kommt und mit uns fertig wird.
Die anderen Merkmale der jungen Lehrerpersönlichkeit zeigen sich darin, indem sie sich am Anfang oft verrechnen. Entweder werden die ersten Stunden zu lang, und wir müssen eine Pausenschicht schieben, oder aber die junge Lehrerpersönlichkeit ist schneller fertig, als sie dachte. Dann setzt unsere Pionierhilfe ein, indem wir uns ein bißchen dumm stellen und so lange allerhand fragen, bis es klingelt. Auch nennt man das Entwicklungshilfe.
Die jungen Lehrerpersönlichkeiten haben aber auch oft noch nicht den Bogen raus, zum Beispiel mit den Hausaufgaben und den Klassenbuchtadeln. Sie werden in der ersten Zeit von ihnen meistens übererfüllt. Darauf muß man als alter Schüler Rücksicht nehmen und die junge Lehrerpersönlichkeit deswegen nicht gleich bei den Eltern verpetzen. Denn ein Sprichwort lautet: Früh übt sich, wer ein Meister oder eine ältere Lehrerpersönlichkeit werden will. Sonst sind die jungen Lehrerpersönlichkeiten für uns ein freudiges Ereignis, weil sie noch nicht ihre goldige Jugendzeit vergessen haben und uns deshalb gut verstehen.

Die mittelalterliche Lehrerpersönlichkeit
Sie ist vor allem daran zu erkennen, daß sie dem Herrn Direktor Keiler nicht mehr die Tür aufmacht, sondern dem Pillenheini in der ersten Bank bloß einen Wink gibt. Und er muß wetzen. Auch verstellt die mittelalterliche Persönlichkeit nicht mehr ihr Gesicht, sondern guckt normal, und man kann mit Leichtigkeit ablesen, ob es in der Stunde gutes oder schlechtes Wetter gibt. Beim Herrn Burschelmann zum Beispiel hat es keinen Zweck, Umtriebe zu machen; denn er erstickt sie beim Keimen, und bei ihm kämen wir auch nicht auf solche Blödeleien. Bei unserer Frau Seidenschnur dagegen kann man es probieren, und wir kriegten sie vielleicht rum. Aber mein Freund Harald spricht dann meistens als Gruppenratsvorsitzender, daß es sich nicht lohnt, weil sich die anderen Lehrer und sogar die Eltern mit der Frau Seidenschnur verbünden und ihr beistehen. Auch nennt man das einen Beistandspakt.

Die mittelalterliche Lehrerpersönlichkeit braucht beim Unterricht auch nicht mehr so oft im Buch nachzusehen, weil sie schon auswendig kann, was wir Schüler lernen müssen. Deshalb verrechnet sie sich auch nicht mehr so oft mit der Zeit, sondern nur noch mit dem Geld. Denn viele mittelalterliche Persönlichkeiten besitzen einen Trabant oder eine Frau oder ein anderes teures Hobby. Wenn sie keinen Trabant besitzen, dann haben sie entweder viele Bücher, viele Schallplatten, mehrere Kinder oder einen anderen Zeitvertreib, welcher auch so allerhand kostet. Die mittelalterlichen Lehrer haben entweder ein gutes oder ein schlechtes Verhältnis zu uns Schülern, oder sie wechseln es dauernd, je nachdem, wie wir Schüler uns zu den Lehrern verhalten. Manche mittelalterliche Persönlichkeiten sind Oberlehrer, zum Beispiel unser Herr Direktor Keiler und unser Herr Mathematiklehrer Burschelmann. Auch nennen sie sich alte Hasen, aber nur die Männer.

Die altertümliche Lehrerpersönlichkeit

Sie ist fast schon ausgestorben oder ein Rentner. Dazu gehört der alte Herr Lehrer Weise. Er sammelt jetzt nur noch Schmetterlinge, Bienenschwärme, Briefmarken und Pilze. Wenn aber ein Lehrer einmal zu Hause bleiben muß, zum Beispiel unser Herr Deutschlehrer Kurz wegen eines Schnupfens oder eines anderen Ärgers, dann springt der altertümliche Herr Lehrer Weise ein und gibt Deutsch. Dabei errichtet er uns Eselsbrücken. Das sind keine richtigen Brücken, sondern andere, wonach man leichter lernen kann. Unser Herr Lehrer Kurz ist aber dagegen und spricht, wir sind keine Esel, sondern Denker. Damit bin ich auch einverstanden. Trotzdem kann man einer guten Zensur nicht ansehen, wie sie entstanden ist, ob über eine Eselsbrücke oder über das denkende Gehirn. Deshalb denken wir einmal so und einmal so, je nachdem, was leichter ist.

Zusammenfassung

Die Lehrerpersönlichkeiten befinden sich im Wachstum und bilden ein festes Kollektiv. Deshalb sind sie unüberwindlich und auf uns angewiesen. Denn wenn es keine Schüler gäbe, wären auch keine Eltern und keine Lehrerpersönlichkeiten auf der Welt. Und sie entwickeln sich aus alten, bewährten Schülerpersönlichkeiten.

Oktober

Wir lieben unseren Staat,
der am 7. Oktober Geburtstag hat,
und feiern dann frohe Stunden.
Und wenn es die DDR nicht gäb,
hätt ich sie erfunden.

Ein Empfang beim Bürgermeister

Ein paar Wochen vor dem Geburtstag unserer Republik haben wir Pioniere uns verpflichtet, aus dem mistigen Schulhof einen schönen Platz zu machen, zum Beispiel mit Blumenbeeten und Bänken und Abfallkästen. Dazu schreiben wir Schilder mit der Aufschrift: Hier dürfen Lehrer und ältere Schüler ihre Kippen hineinwerfen.
Wir haben dann ganz schön geschuftet, fast jeden Nachmittag und an den Wochenenden. Ein Vater lief mit dem Zollstock rum und feuerte uns an, indem er rief, wir sollen ranklotzen. Auch spuckte er auf seine Hände und klotzte mit. Ein anderer Vater zeigte uns, wie man richtig mit dem Pinsel umgeht, damit wir uns nicht so bekleckern. Und er führte es mit seinem vor. So strichen wir den Zaun und die Bänke. Auch war ein Vater darunter, welcher den Fortgang verfolgte. Es war der Herr Gärtnermeister Krause. Er sprach immer Blumennamen vor sich hin und schrieb sie in sein Notizbuch. Dann ließ sich ein Vater sehen, welcher die Schilder beschriften wollte. Als er hörte, wie die Aufschrift heißen soll, sagte er, das geht nicht, und man muß an den Respekt denken. Aber als unser Herr Direktor Keiler fragte, warum nicht, schrieb er es doch so.
Einen Tag vor unserem Republikgeburtstag luden wir alle Eltern und den Herrn Bürgermeister Sparsock ein, damit sie unser Werk besichtigen können. Sie durften sich auf die frischgestrichenen Bänke setzen. Und unser Herr Direktor Keiler schilderte den Elan. Als er damit fertig war, stand der Herr Bürgermeister auf und klatschte uns zu. Die Eltern klatschten mit und schauten uns mit süßen Gesichtern an. Uns hat dieser Wirbel gar nicht gepaßt, weil wir nicht wuß-

ten, wo wir hinschauen sollten. Deshalb guckte ich besonders nach links und sah plötzlich, wie unser Herr Luschmil seinen Stummel vor sich hinschmiß. Das war mir gerade recht, und so konnte ich aus der Reihe schreiten und den Stummel aufheben und in den Behälter werfen. Unser Herr Lehrer Brettl, welcher zugleich ein Parteisekretär ist, grinste wie ein frohes Pferd, und das passiert selten, weil er von Geburt aus sehr ernst ist. Auch unser Fräulein Heidenröslein wackelte obenrum und konnte sich nicht mehr richtig halten, wogegen der Herr Luschmil mir grübelig nachsah, besonders mit dem rechten Auge. Der Herr Bürgermeister hielt eine Rede und lud uns zu einem Empfang ein.

Das geschah ein paar Tage später. Wir saßen um einen Tisch mit Kuchen, Kakao und Blumen, dazwischen der Herr Bürgermeister, unser Herr Direktor, die Aufbauväter, ein Herr Redakteur vom „Neuen Mittag" und eine Sekretärin mit Schminke, einem Block und mehreren Bleistiften. Der Herr Bürgermeister sprach, wie gut wir sind, und wir sollen hier reden, wie die Schnäbel gewachsen sind. Wir haben aber nicht über das Wachstum der Schnäbel, sondern die meiste Zeit über unsere Schule gesprochen. Zuerst unser Herr Direktor Keiler, indem er verkündete, daß er über das Leben, über die Schule und über die Unterstützung vom Gemeinderat und dem Herrn Bürgermeister glücklich ist. Und er schaute dabei immer zu dem Herrn Redakteur. Dieser hieß Hössel oder so ähnlich und schrieb die Sätze mit.

Ich fragte meinen Freund Harald ins Ohr, ob er auch so glücklich ist wie unser Herr Direktor. Er schüttelte den Kopf und sprach, die Kekse sind alt, aber der Kuchen geht. Als ich noch ein bißchen über unseren glücklichen Herrn Direktor nachdenken mußte, fragte auf einmal der Herr Bürgermeister, was wir dazu sagen, und wir sollen kein Blatt vor den Mund nehmen. Wir taten das nicht, weil gar keine Blätter rumlagen, und aßen weiter. Jetzt fragte unser Herr Direktor Keiler die Bärbel Patzig, ob sie was sagen will. Ich kann mir schon denken, warum der Herr Direktor die Bär-

bel aufrief. Sie ist die Beste im Gedichtaufsagen und spricht feiner als wir. Die Bärbel wurde gleich stolz und rot im Gesicht, und sie sagte, daß sie auch glücklich ist, weil sie zur Schule gehen kann. Und der Herr Redakteur schrieb alles mit.

Aber dann juckte es mich doch, und ich habe mich gemeldet. Ich sagte, daß ich nichts gegen unsere Schule und die glückliche Bärbel habe, bloß, so schön ist sie noch nicht. Sie hat feuchte Stellen, und wenn die Schule und das Dach nicht repariert werden, regnet es bald überall durch, und das kostet eine Stange. Deshalb hat es keinen Zweck, wenn wir mit den Eltern jetzt die oberen Klassen malen. Auch ist es nicht richtig, wenn eine junge Frau Lehrerin, nämlich die Frau Borstel mit ihrem Gatten nebst Kleinkind, in einem engen Schlauch bei den geizigen Speckmanns wohnen muß. Wenn sie keine richtige Wohnung bekommt, verläßt sie uns vielleicht, und unser Herr Direktor ist dann nicht mehr so glücklich. Der Herr Direktor zeigte jetzt ein lachendes Gesicht, bloß nicht in den Augen, sie blickten sträflich zu mir herüber. Das angemalte Fräulein sagte, das gehört nicht hierher, wogegen der Herr Bürgermeister sprach, ich soll nur weiterreden. Aber ich hatte erst einmal genug. Und der Herr Redakteur schrieb alles auf.

Jetzt meldete sich unsere schwere Wally. Sie sagte, daß einer von ihren fünf Gebrüdern in einer ekelhaft knarrigen Bank sitzt, und sie hat sich auch einen Splitter hinten hineingezogen, und sie kann die Splitterstelle dem Herrn Direktor ja einmal zeigen. Und sie ist auch dafür, daß die Frau Borstel von dem elenden Speckmannschlauch erlöst wird, und wir möchten, daß Frau Borstel deswegen nicht in den Sack haut und uns im Stich läßt. Auch versteht sie nicht, wieso manche Leute dauernd bauen können, zum Beispiel Garagen und Bungalos, wogegen für den Schulanbau, für die Lehrer und unsere Toilette keine Handwerker nebst Material zu kriegen sind. Und man muß das nachprüfen. Unser Herr Direktor sagte freundlich, daß der Herr Bürgermeister das schon weiß, und man muß nicht alles aufzählen. Der Herr Redakteur schrieb alles mit und sogar der Herr Bürgermeister, und wir sollen ruhig weiterreden.

Nach einem Rippentriller wurde auch mein Freund Harald wieder wach und sprach, daß wir ein Physik- und Chemiekabinett haben, und es geht, wogegen ein solches in Bio und und in Geschichte und in anderen Fächern noch fehlt, und es geht nicht. Auch muß man damit rechnen, daß sich unser Fräulein Heidenröslein doch einmal vergißt und heiratet, und dann steht wieder ein Problem. Denn sie hat auch nur ein kleines Loch zum Wohnen. Und jetzt schrieben der Herr Redakteur, der Herr Bürgermeister und der Herr Direktor Keiler alles auf.

Danach brachte der Herr Bürgermeister ein Schlußwort hervor, und er rief uns zu, wie dankbar er ist. Unser Herr Direktor machte fortwährend ein freundliches Gesicht und bekloppte sogar unseren Buckel. Auch sprach er zum Herrn Redakteur, es sind aufgeschlossene Kinder, und man muß nicht alles auf eine goldene Waage legen.

Bis jetzt ist uns noch nichts passiert, aber der Frau Borstel. Sie mußte ein paar Tage später gleich in eine neue, schöne Wohnung ziehen. Wenn wir Glück haben, kommt vielleicht im Frühjahr das Schuldach dran, wenn nicht, dann legen wir die Versprechungen dem Herrn Redakteur vielleicht doch auf die goldene Waage. Der muß ziemlich reich und mächtig sein, wenn er so was besitzt.

Wie man sich höflich verhält

Das meiste, was unsere Eltern und Tanten von ihrer früheren Schule noch behalten haben, das ist die Mahnung, wir müssen höflich sein. Deshalb muß man einmal untersuchen, wie es einem höflichen Schüler ergeht und was man von einem höflichen Erwachsenen lernen kann. Nehmen wir zum Beispiel das Grüßen.

Wenn ich morgens mit meinem Freund Harald zur Schule gehe, und wir treffen unser Fräulein Heidenröslein, dann grüßen wir sie froh, und sie antwortet noch froher: „Guten Morgen, Jungs!“ Und sie fragt uns meistens, wie wir ausgeschlafen sind. Wir antworten gut oder schlecht, je nachdem, bei welchem Lehrer wir Hausaufgaben aufbekamen. Beim unhöflichen Herrn Burschelmann bekommen wir wenig Hausaufgaben, weil er uns in der Stunde ausquetscht wie eine Zitrone, und man schläft hinterher gut. Beim höflichen Herrn Kurz bekommen wir fast jeden Tag eine Masse Hausaufgaben in Deutsch, weil er uns in der Stunde öfter spannende Geschichten erzählt, zum Beispiel, wie er seine Frau gefunden hat und was sie Gutes kocht, wie der Herr Kurz die Masern bekam oder wie man Damen behandelt und andere komische Sachen. Wenn die Stunde um ist, sagt der Herr Kurz: „Jötzt haben wür wüder die Zeit verplömpert“, und deshalb gibt es ein paar Aufgaben mehr. Wenn man Glück hat, schaut er sie nicht nach, aber weil ich sein „Schwörenöter“ bin, muß ich immer mit seiner Gunst rechnen.

Es kann aber auch sein, daß wir am frühen Morgen schon dem Herrn Burschelmann begegnen. Wenn wir ihn grüßen, dann antwortet er: „Moin!“ Und er fügt hinzu, daß ihm erst eine schwarze Katze übern Weg gelaufen ist und jetzt wir.

Und ein Unglück kommt selten allein. Der unhöfliche Herr Burschelmann macht sich aber nichts daraus, wenn wir lachen müssen. Das gefällt ihm besser als Heulen, und er mag die Angsthasen und Zimperlieschen nicht. Einmal hat sich der Vater vom Pillenheini über den Herrn Burschelmann beschwert, weil der Herr Burschelmann nicht drumrum redet, sondern seine Gedanken ein bißchen bullerig ausspricht. Aber die anderen Elternteile haben den Herrn Burschelmann unterstützt, indem sie sprachen, er ist ein guter und gerechter Lehrer mit einem rauhen Bein. Das stimmt. Nur muß ich mich wundern, wieso ein Lehrer den Eltern auch seine Beine vorzeigen muß.

Wenn wir Pech haben, dann treffen wir am frühen Morgen schon den Herrn Luschmil. Entweder weichen wir aus, oder wir grüßen. Einmal habe ich gerade darüber nachgedacht, was ich tun würde, wenn ich ein Grenzsoldat wäre und plötzlich ein Provokateur kommt und stänkert. Aber es war kein Provokateur, sondern nur der Herr Luschmil. Er fragte, ob ich nicht weiß, was sich gehört, und wartete auf das Grüßen. Seit dieser Zeit denke ich im Gehen nicht mehr an einen Provokateur, sondern lieber an den Herrn Luschmil und seine Eintragung im Klassenbuch. Denn ein höflicher Schüler muß grüßen und nicht denken.

Oder nehmen wir ein anderes Höflichkeitsbeispiel. Eines Tages mußte ich ins Sekretariat zu Frau Stichlein, um das Essengeld zu bezahlen. Als ich die Tür aufmachte, schrie mir Frau Stichlein höflich zu, was es gibt. Ich antwortete, daß ich bitte mein Essengeld bezahlen möchte. Frau Stichlein schrie höflich zurück, daß ich in der großen Pause kommen soll, und sie hat auch Nerven. Ich antwortete, daß wir in der großen Pause gleich zum Sportplatz müssen, und ich darf nicht nachkleckern. Denn es kann sein, daß mir allein unterwegs was passiert. Das ist verboten. Frau Stichlein schrie jetzt die höfliche Erwiderung, sie weiß selbst, was verboten ist, und sie hat jetzt keine Zeit. Darauf sprach ich zu Frau Stichlein, daß ich ihr einen Ärger ersparen möchte. Denn man muß immer pünktlich bezahlen. Auch wollte ich ihr erzählen, wie es war, als meine Eltern einmal verreisten und nicht pünktlich das Gasgeld bezahlt hatten. Aber Frau Stichlein schrie mir höflich zu, sie braucht meine Beispiele nicht, und ich soll endlich veschwinden. Deshalb ging ich; denn ein Schüler muß gehorchen und höflich sein.

In der Schule geht die Höflichkeit weiter, zum Beispiel im Unterricht. Hier gibt es gewöhnliche Tage und manchmal auch Tage der besonderen Höflichkeit. Das geht so vor sich. Wenn jemand an die Tafel muß, dann schreit unser Fräulein Bella Kohl: „Domma, an die Tafel!" Das ist ein gewöhnlicher Höflichkeitstag. Es kann aber auch sein, daß der Herr Direktor Keiler oder ein Schulinspektor oder eine andere gefährliche Person in der Klasse sitzt. Jetzt spricht Fräulein Bella Kohl: „Ottokar, möchtest du bitte einmal an die Tafel kommen?" Und ihre Stimme ist wie süßer Honig. Das ist ein Tag der besonderen Höflichkeit.

Bei den meisten Lehrern gibt es immer besondere Höflichkeitstage, bei manchen nur am Tag des Lehrers oder zum Geburtstag, und bei manchen Lehrern weiß man erst, wenn die Stunde anfängt, ob heute ein normaler oder besonderer Höflichkeitstag ist. Nur beim Herrn Burschelmann brauchen wir nicht zu raten; denn er ist immer gleich knurrig. Einmal hatte der lange Schücht ein großes Furunkel, und deshalb saß er dauernd schief. Als es der Herr Burschelmann sah, rief er, ob der lange Schücht vielleicht der schiefe Turm von Pisa ist. Wir riefen nein, es ist ein Furunkel. Deshalb sitzt der lange Schücht schief. Daraufhin ging der Herr Burschelmann gleich zu seinem Trabant und holte ein Kissen für das Furunkel. Daran kann man erkennen, daß aus dem Mund vom Herrn Burschelmann niemals eine Höflichkeit kommt, auch nicht, wenn er einen leidenden Schüler oder schiefen Turm sieht. Aber er hilft, deshalb ist fast keiner beleidigt.

Oder nehmen wir noch ein höfliches Beispiel. Wenn ein erwachsener Lehrer oder ein anderer Mensch durch eine Tür

gehen möchte, dann muß der Schüler stehenbleiben und ihn zuerst reinlassen. Auch heißt es, der Jüngere läßt dem Älteren die Vortritte. Und ich mußte es schon einmal üben, und zwar beim Herrn Luschmil. Als wir einmal nach der Pause vor der Schultür antreten mußten, stand ich mit meinem Freund Harald ganz vorn. Plötzlich hieß es weitergehen.
Weil mein Freund Harald einen Monat älter ist als ich, sprach ich zu ihm höflich: „Bitte, nach dir." Mein Freund Harald antwortete ebenfalls: „Bitte, nach dir." Jetzt bin ich noch höflicher geworden und sprach: „Bitte, nach Ihnen." Aber mein Freund Harald erwiderte: „Danke, bitte nach Ihnen." Und so ging es vielleicht noch zwanzigmal, bis es unserem Herrn Burschelmann zuviel wurde. Er gab uns beiden höflichen Schülern einen kleinen Schubs, und schon waren wir drin.
Daran kann man erkennen, daß Höflichkeit eine Zierde ist, aber manchmal geht es mit einem Schubs schneller.

November

Der November bringt viel Leid,
das liegt an der feuchten Jahreszeit.
Überall sieht man Nasen tropfen,
drei Lehrer haben schon Schnopfen,
Frau Seidenschnur hat den Husten,
Herr Burschelmann kann kaum pusten,
Herr Kurz hat auch schon Wehen
vom Kopf bis zu den Zehen.
Und unser Herr Direktor notiert bei seinen Runden
die Ausfallstunden.

Was man bei schlechtem Wetter spielt

Im November gibt es oft ganz mieses Wetter, und das ist die Zeit, wo ein geistiges Kulturleben meistens zu Hause durchgezogen wird. Wir sitzen dann in der warmen Stube und spielen oder beschäftigen uns. Dazu gehören mein Freund Harald und ich und manchmal der Schweine-Sigi, und wenn meine Schwester nicht gleich plärrt, darf sie auch mal mitmachen, und wir finden schon was zum Spielen.

Wenn meine kleine Schwester Jana dabei ist, müssen wir ein bißchen vorsichtiger sein, zum Beispiel mit unseren Ausdrücken. Wir spielen dann meistens ein Würfelspiel oder Domino oder Maumau. Das ist ein Kartenspiel, und zwar für Doofe oder Anfänger, und es ist ungefährlich. Wenn der Schweine-Sigi dabei ist, spielen wir auch mal Skat. Das ist ein Spiel für höhere Intelligente. Bloß der Sigi ist schnell beleidigt. Als mein Freund Harald und ich beim Schieber einmal Jungfrauen waren, sagte der Sigi, er glaubt es nicht, und wir haben geschummelt. Meine Mutter ist gerade von der Arbeit gekommen, und sie fragte, was das für ein Krach ist. Ich sagte, der Sigi will nicht glauben, daß wir Jungfrauen sind, und deshalb ist er eingeschnappt. Meine Mutter strich dem Sigi übern Kopp und sagte, wir spinnen, und wir haben dasselbe wie er. Und zu mir sprach sie, ich bin wohl schon wieder ausfällig geworden, und ich soll nicht so ein blödes Zeug erzählen. Auch hat sie ein bißchen Kuchen mitgebracht, und da waren alle besänftigt. Daran kann man erkennen, daß die Güte einer Mutter versöhnt, auch wenn sie nichts von Skat versteht.

Manchmal spielen wir auch Schiffe versenken. Das hat Haralds großer Bruder von der Armee mitgebracht. Es besteht aus einem aufgemalten Gitter mit Zahlen und Buchstaben. Oben und unten sind die Zahlen, rechts und links die Buchstaben oder auch umgekehrt. Wir zeichnen dann Kästchenfiguren als Schiffe ein, und jeder muß dann die Planquadrate und Koordinaten angeben. Wer richtig geraten hat, hat einen oder mehrere Treffer oder Volltreffer. Einmal kam mein Vater dazu und sprach, ob wir nichts besseres wissen. Wir fragten wieso; denn wir sind eine Grenzschutzbatterie von der Volksmarine und schützen die Gewässer und Küsten. Da hat mein Vater gleich seinen Kampfgruppenblick aufgesetzt und gesagt, er ist jetzt auch eine Batterie. So kam es, daß sich die Mutter wunderte und ausrief: Es ist nicht zu glauben! Aber es war wirklich so.

Oft spielen wir auch Tiere raten oder Pflanzen raten oder Berufe raten und so weiter. Als der Herr Burschelmann einmal vorbeikam und mit meinem Vater eine Briefmarke tauschen wollte, blieb er gleich sitzen und befahl, jetzt spielen wir Städte-, Flüsse- und Bergeraten. Das konnte gar nicht anders kommen; denn der Herr Burschelmann ist auch unser Geographielehrer, und er wollte damit bloß prüfen, ob wir was wissen. Erst waren Städte dran, dann Berge, dann Gewässer. Der Schweine-Sigi sagte Elbe, ich sagte Elster, Harald Rotes Meer, Herr Burschelmann Rhone, Sigi Euphrat, ich Tigris, Harald Schwarza, und jetzt fiel dem Herrn Burschelmann nicht gleich was ein. Er hat geraten und geraten, und wir haben immer A-a vorgesagt, und er meinte, das liegt ihm auf der Zunge, aber es will nicht raus. Der Herr Burschelmann sagte, wie er sich bloß mit uns einlassen konnte. Ich baute dann dem Herrn Burschelmann eine Eselsbrücke und sprach: „Der Fluß klingt wie die Mehrzahl des Namens von einem Raubvogel, aber so wie ihn die Dichter schreiben. Er fängt mit A an." Jetzt leuchtete der Herr Burschelmann auf und rief: „Die Aare!" So kam er gut über die Eselsbrücke.

Seit dieser Zeit ist der Herr Burschelmann auch vorsichtiger beim Zensurengeben geworden. Als ich einmal dran war und

den Namen eines Berges nicht gleich wußte, wollte der Herr Burschelmann schon was in sein Notenheftchen schreiben. Aber ich sagte, es liegt mir auf der Zunge, und es will einfach nicht raus. Vielleicht hilft eine Eselsbrücke. Der Herr Burschelmann knurrte und zuckte ein bißchen am Auge und sagte dann zu den Kindern, sie sollen dem Früchtchen eine Eselsbrücke bauen. Deshalb ist es gut, mit einem Lehrer öfter zu spielen, und man lernt sich gegenseitig besser schätzen.

Auch haben wir ein neues Spiel erfunden, es heißt die Laf-Sprache. Damit kann man sich auf deutsch unterhalten, schimpfen und Geheimnisse zusagen, und es verstehen nur die Laf-Sprachkenner. Das sind wir, mein Freund Harald und ich. Wenn wir zum Beispiel den Satz sprechen wollen: „Der lange Schücht hat schon eine Liebste", dann setzen wir den Satz in die Laf-Sprache um, und er lautet jetzt so: „Delafer lalafange Schülafücht halafat scholafon eilafeine Lielafiebste". Und der lange Schücht merkte gar nicht, wie wir ihn besprochen haben. Einmal ging das Fräulein Heidenröslein mit uns ins Theater. Sie sah sehr schön aus und saß gleich hinter uns, und ich sagte ziemlich deutlich zu meinem Freund Harald: „Sielafie ilafist wielafieder malafal zulafum Alafanbeilafeißen unlafund dielafie Belafeste." Aber Fräulein Heidenröslein wurde rot und flüstete in unsere Ohren: „Laulafausebelafengels!" Unsere Ohren brannten jetzt auch, aber nur zwei Stunden; denn draußen war es kalt, und es regnete, und da kühlten sie wieder ab.

Wenn wir nicht spielen, dann lesen wir oder basteln oder sehen auch mal fern oder knobeln aus dem Buch „Köpfchen, Köpfchen". Dieses Buch reicht für ein paar Jahre, und wenn wir es durchhaben, sind wir schon erwachsen, und dann spielt man sowieso anders.

Unsere liebsten Spielsachen sind Plastbausteine, ein Elektrobaukasten, Hammer, Zange, Säge, Nägel, Lötkolben, Draht, Bindfaden, Holzstücke, Haralds Luftgewehr, Omas alter Zopf und unser Boden. Gern spielen wir Grenzer und andere Kampfspiele. Wenn es regnet, finden diese Spiele auch in Haralds Schuppen statt. Dort ist unsere Funk- und Radarstation. Bloß wenn Haralds Vater kommt, stellen wir die Sendungen ein. Ich fragte den Harald: wieso? Er antwortete, sein Vater hat immer Arbeit für ihn. Ich entgegnete, das wundert mich nicht; denn er ist ja ein Schulrat und kein Spielrat.

Was wir gerne lesen

In unserer Klasse lesen fast alle gern, und man wird dazu erzogen. Die meisten lesen die „Trommel“, das ist unser Zentralorgan, und es hat fast die Bedeutung wie das „Neue Deutschland“. Das ist ebenfalls ein Zentralorgan, nämlich für die Genossen. Der Name Zentralorgan kommt vielleicht aus der Biologie, und ich denke mir, daß das Zentralorgan bei einem Lebewesen das Herz ist. Und so kann man sagen, die „Trommel“ ist das Herzblatt für die Pioniere, wogegen der Eulenspiegel vielleicht das Herzblatt für Leute ist, welche gern lachen, und solche, die nichts zu lachen haben.

Es gibt noch mehrere solcher Zentralorgane, zum Beispiel für die Lehrer, für die Züchter und für die modernen Damen. Dieses Herzblatt heißt „Sibylle“. Darin wird gezeigt, wie die Frauen rumlaufen müssen, und wer etwas dicker ist, wird nicht fotografiert, zum Beispiel meine Mutter. Auch gibt es noch ein Herzblatt für die Freunde von armen Mädchen, die sich nicht einmal einen Badeanzug leisten können und darum nur nackicht vorgestellt werden. Dieses Herzblatt heißt „Magazin“.

Eine interessante Zeitschrift ist auch „Frösi“. Denn „Frösi“ erfindet immer etwas, zum Beispiel Scherzartikel, Schallplatten, Spiele, Tabletten für Blumentöpfe und so was. „Frösi“ heißt zu deutsch fröhlich sein und singen. Das eine ist in Ordnung, aber man muß sich wundern, warum wir ausgerechnet singen sollen. Deshalb schlage ich vor, daß für die Knaben ein neuer Name ausgesucht wird, nämlich „Fröfu“, das heißt, fröhlich sein und Fußball spielen.

Neben diesen Zeitungen lesen wir Bücher, zum Beispiel un-

sere Lesebücher. Wenn wir sie neu bekommen, sind sie sehr interessant, und ich lese sie meistens in zwei Wochen aus. Später müssen wir alles in der Schule noch einmal lesen. Dann wird es schon langweiliger. Wenn wir zum Beispiel ein Gedicht lesen, dann fragt unsere Frau Seidenschnur: „Was lehrt uns das Gedicht?“ oder „Was sagt uns das Gedicht?“ Wir müssen dann sagen, was in dem Gedicht drinstand. Und so ist es auch mit den Geschichten, indem wir sie nacherzählen. Diese Stunden vergehen immer sehr langsam. Neben den Schulbüchern lesen wir meistens auch andere Bücher, zum Beispiel „Alfons Zitterbacke“. Das ist mein Lieblingsbuch. Gern lese ich einen Zukunftsroman oder einen Abenteuerroman oder einen Kundschafterroman oder ein Reisebuch und überhaupt alles.
Eines Tages sagte mein Freund Harald, wir müssen jetzt einmal ein Buch lesen, das sein Vater immer seine Bibel nennt. Es heißt „Das kommunistische Manifest“. Die Schriftsteller heißen Marx und Engels und sind in der ganzen Welt berühmt. Wir haben uns gleich darangesetzt, aber es war sehr schwer. Trotzdem haben wir uns einige Wörter gemerkt, und man kann damit diskutieren und manchen aufs Kreuz legen. Als wir zum Beispiel einmal eine Ausstellung vorbereiteten, haben die Mädchen alles durcheinandergebracht. Ich sagte, es kommt nichts dabei heraus, wenn die Mädchen alles begrapschen und durcheinanderschmeißen, und es ist eine richtige Weiberwirtschaft. Die Mädchen petzten es gleich unserem Pionierleiter und verlangten, man soll verbieten, Weiber zu sagen; denn es ist eine Beschimpfung. Der Pilei kam auch gleich zu mir und hat mir das Wort verboten. Ich antwortete, daß es kein Schimpfwort ist, und wenn er mir dieses Wort verbietet, dann muß er es auch Karl Marx sagen, denn in seinem Buch steht es auch. Und es wird höchste Zeit, daß die Mädchen Politik studieren und nicht dauernd beleidigt gackern. Der Pilei mußte jetzt selbst lachen und antworten: Du bist mir der Richtige.
Daran kann man erkennen, daß man schwere Bücher und

Werke lesen muß, auch wenn man nicht gleich alles kapiert. Deshalb sagte mein Freund Harald, wir studieren jetzt das „Kapital". Aber sein Vater gab es uns nicht, sondern sprach, wir sind ein bißchen besengt. Dafür schenkte er uns ein Büchlein über das Leben von Karl Marx. Er hieß auch Mohr. Der Mohr war ein lustiger Vater, und seine Kinder durften auf ihm reiten. Wenn ich Karl Marx mit meinem Vater vergleiche, so muß ich sagen, es gibt Unterschiede.
Auch bei uns zu Hause wird viel gelesen, und wir haben vielleicht 500 und noch mehr Bücher. Mein Vater liest gern Kriminalromane und andere Fachbücher, meine Mutter liest gern Liebes- und Frauenbücher, und meine Oma liest am liebsten Bilderbücher und Anzeigen, zum Beispiel solche, wo jemand eine Frau oder einen Mann sucht. Und sie liest es dann oft laut vor. Einmal hat es geheißen, daß eine Frau einen Mann sucht. Dieser muß ein studierter Doktor oder Akademus oder so was sein und viel Sport treiben und reich sein und überhaupt dauernd verreisen. Auch müßte er gern ins Konzert gehen und einen Sinn haben. Das Gute und Schöne an ihm muß sein, daß er ein Auto besitzt, sonst nimmt sie ihn nicht ernst.
Meine Eltern haben mächtig gelacht, aber ich habe mir die Anzeige ausgeschnitten und zu meinem Freund Harald gesagt, man muß der Frau helfen. Und so schrieben wir einen Brief. Er lautete:
„Geehrtes Fräulein Dewag, 1054 Berlin! Wir haben gelesen, daß Sie einen Mann brauchen, und bieten uns an. Wir sind zwei nichtverheiratete Junggesellen und studieren Sprachen, Mathematik, Biologie und noch mehrere Wissenschaften. Auch treiben wir Sport nebst Judo und können Ihnen allerhand Griffe beibringen. Jedes Jahr machen wir eine Reise und sind nicht geizig. Wir besitzen verschiedene Wagen und eine Jacht. Wenn wir genug gejachtet haben, ziehen wir uns in mehrere Bungalows zurück. Auch haben wir nicht nur einen Sinn, sondern fünf Sinne. Sie sind gesund. Deshalb wäre es richtig, wenn Sie gleich herkämen und den Schön-

sten von uns heirateten oder alle beide. Ihre gehorsamsten Herren Harald und Ottokar."
Wir haben leider noch keine Antwort bekommen. Mein Freund Harald denkt, daß sie vielleicht schon einen Dummen gefunden hat. Ich sagte, das wird es nicht sein, sondern sie hat sich bloß geärgert, weil wir nicht „Ihre gehorsamsten Diener" geschrieben haben. Aber so etwas schreiben wir nicht. Denn wir sind Marxisten.

Dezember

Menschen, welche meistens wild,
werden im Dezember mild.
Herr Josef schimpft seine Frau nicht aus,
Frau Speckmann grüßt von Haus zu Haus,
Herr Luschmil ist auf einmal ganz weich,
und auch mein Vater brüllt nicht gleich.
Alle haben irgendwo einen frohen Tick
und den Weihnachtsblick.

Wie man einem Kind helfen muß

Eines Tages stand in der Zeitung ein Artikel, welcher lautete: „Wie ich meinem Kind helfe“. Das Kind hieß Eva-Maria und ihre hilfreiche Mutter Beatrice Schmitt-Küchelfett. Die Mutter hat erst ein paar schöne Sätze über die Erziehung geschrieben und danach über einen Plan, wie sie mit ihrem Kind den Tag rumbringt. Der fängt so an, indem die Eva-Maria ihre Körperteile wäscht und putzt und sich nachher an den Frühstückstisch zu Mutter und Vater setzt. Dieser ist mit einem Blumensträußchen und Vollkornbrot belegt. Dann müssen alle langsam kauen und fröhlich sprechen, bis der Vater die Mutter und die Tochter küßt, weil er zur Arbeit muß. Aber nicht mit vollem Mund. Bevor die Eva-Maria geht, ermahnt die Mutter, nicht zu trödeln und nicht zu schnell zu rennen, sondern ein Kind muß zur Schule schreiten. Das ist wegen der Nerven. Die Mutter schmeißt nun dem Kind vom Fenster aus einen Handkuß nach. Jetzt hat die Mutter Zeit zum Aufräumen und so, und beim Kochen wiederholt sie die Lektion vom letzten Elternabend, wo die Eltern gelernt haben, wie man zu Hause mit den Kindern rechnet.
Wenn das Kind Eva-Maria aus der Schule kommt, wird es von einem freundlichen Lachen und einem schön geschmückten Tisch empfangen, sogar mit Servietten. Das ist wegen der Kultur. Dabei stellt die Mutter allerlei Fragen, und die Eva-Maria muß fröhlich von ihrer Schule plaudern. Aber nicht mit vollem Mund. Wenn das Kind ausgespeist hat, gebietet ihm die Mutter eine Stunde Ruhe, wobei die Eva-Maria entweder durch den Garten schreitet oder bei einer zarten Schallplattenmusik sich auf das Schäßlong knallt

oder eine Kunstmappe betrachtet, und es hat schon der große Dichter Goethe gesagt, daß man es überall so machen muß. Denn so wird man gebildet und Geheimrat. Aber danach gehts los. Jetzt muß die Eva-Maria ihre Schularbeiten anfertigen, und die Mutter sitzt dabei mit einer leichten Handarbeit, damit sie gleich alle Fragen beantworten kann. Hinterher sagt die Mutter zu dem Kind, es muß jetzt fröhlich sein und singen oder mit ihr einen Einkaufsbummel machen. Und wenn sie zurück sind, achtet die Mutter darauf, daß die Eva-Maria noch ein Stündchen auf dem Klavier übt. Auch darf das Kind beim Abendbrot helfen, bis daß der Vater kommt. Dieser hält die Pünktlichkeit ein. Zuerst küßt er die Mutter und dann die Tochter, indem er fragt, ob sie die Schularbeiten gemacht haben. Manchmal geht dann der Vater mit seiner Tochter noch einmal in die Bibliothek seines Arbeitszimmers und spricht: Dieses Buch mußt du dazu lesen. So kommt es, daß die Tochter Eva-Maria fast nur Einsen hat.

Und das liegt am richtigen Tagesplan und überhaupt an der hilfreichen Mutter. Und so muß es überall sein.

Als wieder einmal eine Elternversammlung war, las unser Herr Klassenlehrer dieses Beispiel vor, und die Eltern sollten sagen, was sie dazu denken. Mein Vater hat am nächsten Tag mit meiner Mutter noch einmal darüber gesprochen und gesagt: Die Frau Schmitt-Küchelschmalz, oder wie sie heißt, hat gut reden. Sie ist den ganzen Tag zu Haus und hat neben der Tochter weiter kein Kind und kein Rind. Meine Mutter antwortete darauf, daß es aber richtig ist mit einem Plan, nur muß sie immer daran denken, wie das die Mutter von der Wally machen soll mit ihren sechs Kindern. Auch geht die Frau in die Gärtnerei arbeiten. Und darüber müßte die Zeitung auch einmal schreiben. Mein Vater entgegnete, die Mutter soll ihm doch einmal sagen, ob wir vielleicht so viel Zeit haben und ob die Frau Schmitt-Kücheltalg eine Funktion hat. Meine Mutter sagte, daß sie oft hospitiert und im Elternbeirat ist. Aber sie spricht nur immer von ihrem Kind

und daß wir es auch so machen müssen. Mein Vater wurde jetzt ziemlich gallig und rief der Mutter zu, ob vielleicht unsere Kinder schlechter sind, auch wenn wir alle arbeiten. Meine Mutter sprach, man muß ja deswegen nicht gleich so schreien, und unsere Kinder sind auch ehrlich und anständig. Bloß wegen dem Ottokar hat sie manchmal Kummer, und ich muß mehr zur Höflichkeit und zum Respekt erzogen werden. Aber allein kann sie es nicht. Mein Vater erwiderte jetzt, daß er das alte Lied kennt, und die Mutter soll ihm sagen, ob er vielleicht seinen Brigadier an den Nagel hängen und sagen soll, er kann die Funktion nicht mehr machen wegen seiner Vaterschaft. Meine Mutter seufzte jetzt und sprach, der Vater erlebt es nicht, und wenn manche Lehrer zu ihr im Konsum einkaufen kommen, sagen sie immer vor allen Leuten, was mit dem Ottokar wieder los war. Und meine Mutter muß dann noch freundlich sein.
So entstand wegen der Frau Schmitt-Küchenspeck bei uns zu Hause ein Streit. Meine Mutter tat mir leid, deshalb möchte ich höflicher werden. Auch bei meinem Freund Harald war es so, darum schrieben wir zusammen einen Artikel an die Zeitung. Er lautete: „Unser Tagesablauf". Mein Freund Harald schrieb:
„Weil meine Eltern arbeiten und von vielen Funktionen begleitet werden, erziehen wir uns selbst, nämlich mein großer Bruder und ich. Wir verrichten nach der Schule mit der Oma den ganzen Küchenkram, mein Bruder prüft meine Schularbeiten nach und ich seine Briefe; denn er hat schon eine Geliebte. Deshalb kloppen wir uns manchmal. Unsere Oma erzieht auch, muß aber meistens klein beigeben oder sich beklagen. Wir leben nach der Losung: arbeite mit, plane mit, regiere mit! Mein Vater regiert meistens nur, und das andere machen wir. Deshalb spricht meine Mutter manchmal zu ihm, er soll etwas mehr an seine Familie denken. Denn Denken ist die erste Bürgerpflicht."
Mein Artikel ging etwas anders, und er war mehr eine Antwort auf die hilfreiche Mutter der Eva-Maria. Er lautete:

„Sehr geehrte Redaktion! Die Frau Schmitt-Küchelfett macht es richtig, und ich schildere jetzt, wie es bei uns ist. Ich bin der Sohn des Brigadiers Ottokar Domma und als solcher das älteste Kind. Auch wir beginnen mit dem Säubern und dem Frühstück, nur fällt das Küssen weg, weil mein Vater schon zur Arbeit ist. Meine Schwester trödelt meistens, aber ich bringe sie auf Trab, weil meine Mutter frühmorgens schon das Abendbrot vorbereitet. Nach der Schule ist meine Schwester im Hort und ich bei meinem Freund Harald. Dort machen wir Schularbeiten oder Dummheiten, oder wir gehen zum Sport oder Pioniernachmittag oder zur nützlichen Arbeit. Dann versorge ich meine deutsche Langohrzippe und die Schwester. Man muß dieses Tierchen gut pflegen und sauberhalten; denn es ist zur Aufzucht geeignet. Abends sind wir dann alle zusammen, und es wird noch ein bißchen erzählt, wie der Tag war. Er war nicht so wie bei der Frau Schmitt-Küchelfett, und man muß daraus lernen. Zum Beispiel kann man zum Frühstück eine fröhliche Hymne singen. Meine Mutter müßte beim Gurkenverkaufen Russisch lernen, damit sie mich überprüfen kann, wogegen mein Vater öfter im Betrieb sagen müßte: Kollege Emil, versammle du dich heute, ich habe eine Familie und muß nach Hause. Nach dem Abendbrot könnten wir alle gemeinsam ein Gemälde malen. Auch wäre es schön, wenn alle Elternteile am freien Sonnabend in die Schule hospitieren kämen. Das befeuert unsere Leistungen und ist gut für die Nerven unserer Lehrer, und unser Herr Burschelmann kann dann zu meinem Vater sagen: Herr Domma, unterrichten Sie, ich geh lieber arbeiten."

Unsere Artikel sind aber von der Zeitung nicht gedruckt worden, weil wir vielleicht ein bißchen zuviel gesponnen haben, wogegen die Frau Schmitt-Küchelfett die Wahrheit schrieb, wie es im Leben wirklich ist.

Über unsere Weihnachtshöhepunkte

Weihnachten ist ein Fest der Vorfreuden und Höhepunkte. Die Vorfreuden beginnen schon ein paar Wochen früher und sind ziemlich aufregend. Man muß das einmal beleuchten, und zwar aus familistischer Sicht.

Schon im Herbst überfällt meinen Vater eine nicht unterzukriegende Vorfreude. Er spricht andauernd von Weihnachtsbäumen und erinnert uns fortwährend daran, daß wir ihre Ankunft nicht verpassen dürfen. Wenn es endlich soweit ist, setzt er seinen ältesten Hut auf und zieht mit mir und meiner Schwester los. An diesem Tag erkennt mein Vater keinen Menschen, weil er immer daran denken muß, daß er auch den schönsten Baum erwischt.

Beim Verkaufsplatz angekommen, beginnt er mit der Durchsicht, indem der Vater erst einmal alle Bäume umschichtet. Manchmal denken die Baumkunden, es ist der Chef, und sie fragen ihn, ob noch eine neue Ladung kommt. Mein Vater antwortet, ja, morgen. Das sagt er nur, damit die Leute ihn nicht stören und vielleicht die schönsten Bäume wegschnappen. Aber sonst ist mein Vater nicht egoistisch, im Gegenteil, er zerreißt für andere das Hemd.

Nachdem mein Vater fünf bis zehn Bäume ausgesucht hat, welche meine Schwester und ich bewachen müssen, beginnt er mit der Wahl des schönsten. Er nennt diesen dann Miß Weihnachtstanne. Dazu stellt er sich ein paar Meter weg, und wir müssen ihm die ausgesuchten Missen vordrehen. Mit der Miß, die den schönsten Wuchs hat, nämlich unten breit und schön voll und gleichmäßig bis obenhin, ziehen wir von dannen.

Aber die Vorfreuden gehen weiter, nämlich mit einem geheimnisvollen Getue. Das geht so vor sich. Manchmal kommt der Vater nach Hause. Er schaut bloß mit dem Kopf durch die Stubentür und winkt der Mutter mit dem Finger. Wenn sie das Zeichen nicht gleich versteht, verdreht mein Vater die Augen und schielt ein bißchen zu seinen Kindern. Jetzt kapiert die Mutter, und sie folgt dem Vater ins Schlafzimmer. Meine Schwester will auch gleich hinterher, aber ich halte sie am Zopf fest und sage, sie muß nicht so neugierig sein und darf den Eltern jetzt nicht die Weihnachtsvorfreuden verderben; denn sie verstecken die Geschenke. Auch unsere Oma hat ihre Geheimnisse, aber sie hebt sie nicht wie meine Eltern im Schlafzimmer auf, sondern auf dem Boden. Dort steht ein alter Schrank, in welchem sich Tapetenreste, Gummistiefel, Lappen, Reiseandenken, ein falscher Zopf und andere Kostbarkeiten befinden. Ich verrate diese Verstecke aber niemandem, um meinen Eltern und der Oma die Vorfreuden nicht wegzunehmen. Diese Geschenkverstekkung ist ein zweiter Weihnachtshöhepunkt nach der Mißbaumwahl.

Der dritte Vorfreudenhöhepunkt ist das Backen von Weihnachtsstollen. Meine Mutter liest von einem Heftchen die Zutaten ab und ob sie alle beisammen sind. Dann holt sie aus dem Keller eine Wanne, in der ich als schöner Säugling gebadet wurde. Dort kommen die Backwaren hinein, und Vater muß walken. Wenn der Teig zuviel klebt, flucht er und schreit der Mutter zu, sie soll ihn bestreuen. Nachdem der Teig genug vermanscht ist, wird er zugedeckt. Nach einiger Zeit wächst aus der Wanne ein Bauch mit Blasen. Die Mutter sagt, es ist soweit. Sie formt jetzt aus großen Klumpen längliche Dinger, und der Vater kritisiert sie, wenn sie nicht schön oval sind. Die Mutter pfeift aber darauf, und der Vater schiebt sie in den Ofen. Beim Herausholen verbrennt sich der Vater meistens. Er jault und zeigt einen lustigen Indianertanz. Das ist der dritte Höhepunkt vor Weihnachten.

Zwei Tage vor Weihnachten kommt die schwerste Probe, welche eine Familie wie unsere zu bestehen hat. Der Vater

putzt nämlich die Miß Weihnachtstanne an. Das ist ein aufregendes Ereignis. Zuerst hält er einen Vortrag über die Behandlung von Weihnachtskugeln. Deshalb besitzen wir auch noch eine aus dem Jahre 1907. Sie ist ein Erbstück, und ich muß mich wundern, daß sie der Vater nicht in einem Panzerschrank verschließen läßt. Nach dem Vortrag kommt der Befehl, daß wir ihm nicht vor den Füßen rumrennen sollen. Und jetzt beginnt er mit der Ausschmückung. Er verteilt die Kugeln nach wissenschaftlichen Gedanken, indem er erst die roten, dann die goldenen, dann die silbernen und zuletzt die gemischten anhängt. Zwischendurch setzt er sich hin und beschaut aus der Entfernung sein Werk. Nach der Bekugelung läßt sich der Vater erst mit einem Kaffee und einem Jäckchen stärken, so nennt er die kleinen Koniaks.
Dies war der erste Akt der Ausschmückung. Aber der zweite folgt bald, indem der Vater schreit, wir sollen Watte holen. Die Oma rennt schnell zum Medizinschrank, und der Vater befiehlt: „Zerschneidet sie in schmale Streifen!" Jetzt achtet er darauf, daß die Streifen genau zwei Zentimeter breit und fünf Millimeter dick sind. Ich darf ihm dann die Streifen vorsichtig zulangen, während der Vater die Miß Weihnachtsfichte von oben bis unten belegt. Einmal fing er auch bei ihr von unten an, aber da hatte er lauter weiße Streifen an seiner Hose, als er oben fertig war. Diese Wattestreifen nennt mein Vater Schnee, und wir dürfen nicht mit Streichhölzern rankommen, sonst wird alles Asche. Daher stammt vielleicht das Sprichwort: Und wenn der ganze Schnee verbrennt, die Asche bleibt uns doch.
Der Vater bestaunt jetzt sein Werk wieder, aber damit ist es noch immer nicht fertig. Denn jetzt behängt er jedes Ästchen mit Lametta. Dies hält aber kein gesunder Mensch mehr aus, deshalb gehen wir schlafen und lassen den Vater die Lamettierung allein ausführen. Wenn wir morgens aufwachen, sitzt der Vater meistens noch im Sessel, wo er vor Bewunderung eingeschlafen ist. Ich glaube auch, daß er den schönsten Weihnachtsbaum Europas, Afrikas und vielleicht auch

Asiens und Australiens fertiggebracht hat. Und das ist der vierte Höhepunkt.
Der letzte und höchste Höhepunkt ist der Weihnachtsabend mit seiner Bescherung. Jeder legt seine Geschenke unter den Baum und deckt sie zu. Dann essen wir. Danach bimmelt der Vater mit einer alten Kuhglocke, das ist das Zeichen zum Einmarsch in die Weihnachtsstube. Bevor die Enthüllung der Weihnachtsgeschenke erfolgt, müssen wir Kinder etwas singen und aufsagen. Meine Schwester sagt ein Weihnachtsgedicht auf und singt dazu „Schneeflöckchen, Weißröckchen“. Ein Weihnachtsgedicht ist für mich zu blöd, deshalb singe ich lieber „Dem Morgenrot entgegen, ihr Kampfgenossen all“. Meinem Vater hat das Lied gefallen, und er sang es mit, wogegen meine Mutter und die Oma sagten, es paßt nicht richtig. Deshalb will ich diesmal nicht mehr singen, sondern lieber eine Schallplatte auflegen, wenn schon ein Kulturprogramm sein muß.
Auch bei meinem Freund Harald geht es nicht ohne Kultur. Er bereitet sich deshalb auf einen Vortrag vor mit dem Thema: „Die Umgestaltung von einem rückständigen zu einem fortschrittlichen Weihnachtsfest“. Harald sagt, entweder wird es ein großer Erfolg, oder seine Oma will wieder kündigen. Deshalb schenkt er ihr vorsichtshalber auch ein heiliges Buch von dem Dichter Diderot. Es heißt „Die Nonne“.

Damit endet mein letztes Geschüchtchen.
Euer

Ottokar

das Früchtchen

Inhalt

EULENSPIEGEL VERLAG BERLIN

Ottokar Domma

Der brave Schüler Ottokar

Mit Illustrationen von Karl Schrader

144 Seiten

19,80 DM

ISBN 3-359-00760-3

EULENSPIEGEL VERLAG BERLIN

Renate Holland-Moritz

Die Macht der Knete

Freche Kindergeschichten für Erwachsene

Mit Illustrationen von Cleo-Petra Kurze

104 Seiten

19,80 DM

ISBN 3-359-00754-9

ISBN 3-359-00067-6

4. Auflage

Verlagsgesellschaft mbH
Postfach 106,10103 Berlin
Einbandgestaltung: Karl Schrader
Druck und Verarbeitung:
Graphischer Großbetrieb Pößneck
Ein Mohndruck-Betrieb

Hier lache ich